2013

中国税收季度报告

②

国家税务总局 编

China Taxation Quarterly Report

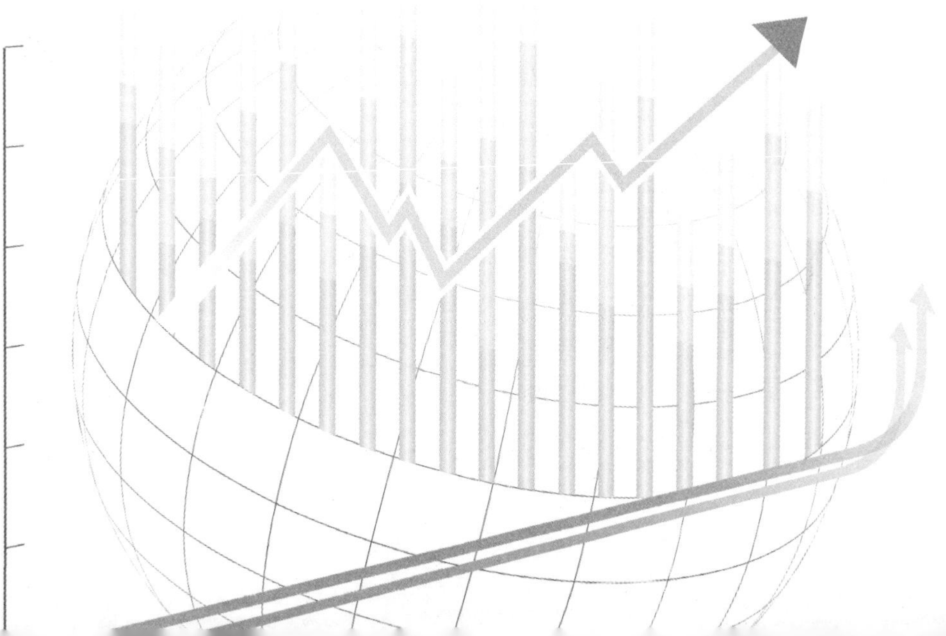

中国税务出版社

Contents 目录

2013年·第2季度

税收要论

税收收入

收入分析

税收数据

税收要情

税收政策解读

税收政策发布

图书在版编目（CIP）数据

中国税收季度报告. 2013. 2/国家税务总局编.
—北京：中国税务出版社，2013.7
ISBN 978-7-80235-731-0
Ⅰ. ①中… Ⅱ. ①国… Ⅲ. ①税收管理-工作报告-中国-2013 Ⅳ. ①F812.423

中国版本图书馆CIP数据核字（2013）第180817号

书　　名：中国税收季度报告（2013·2）
作　　者：国家税务总局　编
责任编辑：陈金艳
设计制作：李本洋
责任校对：于　玲
出版发行：中国税务出版社
地　　址：北京市西城区木樨地北里甲11号（国宏大厦B座）
邮　　编：100038
网　　址：http://www.taxation.cn
E-mail：swcb@taxation.cn
印　　刷：北京天宇星印刷厂
规　　格：889×1194毫米　1/16
印　　张：8
字　　数：192000字
版　　次：2013年7月第1版
2013年7月北京第1次印刷
书　　号：ISBN 978-7-80235-731-0
定　　价：28.00元

目 录

2013年·第2季度

附录：近期相关经济数据

Contents

Second Quarter of 2013

Editorial

Tax Revenue

Revenue Analysis

Tax Revenue Data

Important Tax News

Tax Policy Interpretation

Contents

Second Quarter of 2013

Tax Policy Release

Appendix: Recent Economic Data

认真践行群众路线　为纳税人更好服务

Carefully revise the following guidelines Providing A Better Service to Taxpayers

编者按：为学习贯彻党的群众路线教育实践活动工作会议精神，进一步落实国务院关于职能转变的各项要求，2013年6月21日下午，税务总局召开部分纳税人代表座谈会，听取纳税人的意见和建议。中国人寿保险（集团）公司、神华集团有限责任公司等10家企业代表参加座谈。本文根据国家税务总局党组书记、局长王军在会议上的讲话整理而成。

纳税人之所盼，即为税务人之所向。各级税务机关要认真践行党的群众路线，为纳税人服好务。

一是当好改革员，让纳税人满意缴税。转变职能，简政放权，减少和下放税务行政审批，对国务院决定取消的税务行政审批项目坚决取消，对核准、备案等事项细化标准并对外公开，方便广大纳税人自主办理，实现阳光审批，杜绝暗箱操作。改进作风，尊重纳税人的合理意愿，设身处地换位思考，出台为纳税人服务的具体措施。解决难题，优化办税流程，简化办税程序，精简涉税资料，切实解决办税中存在的突出问题，严禁指定、强制税务代理，严禁吃拿卡要报，严禁利用推广信息系统收取纳税人费用，坚决查处损害纳税人利益的行为。

二是当好宣传员，让纳税人明白缴税。扩大宣传覆盖面，既做好税收宣传月重点宣传，又坚持不懈开展日常宣传，做到长流水不断线，达到潜移默化的效果。提高宣传精准度，既回答好普遍性的问题，也回答好针对性的问题，把税收宣传咨询与企业具体情况结合起来，努力为纳税人提供个性化服务。拓宽宣传主渠道，巩固税务网站、12366纳税服务热线、新闻媒体等传统宣传阵地，探索微博、QQ群等新兴宣传载体，提高税收宣传咨询效果。

三是当好执法员，让纳税人公正缴税。规范执法，严格按照法定权限和程序，执行好各项税收法律法规和政策。规范行使裁量权，防范执法随意性。整合各类税务检查事项，限定每年的检查次数，避免多头重复检查。公正执法，严厉打击逃骗税行为，为诚实守信纳税人营造公平、公正的税收法治环境，避免“劣币驱逐良币”的扭曲效应。诚信执法，依法落实税收优惠政策，及时向纳税人公告税收优惠政策的具体内容、资格条件、程序步骤，使纳税人充分享受到税收优惠，更好地扶持企业发展，促进经济转型。

四是当好服务员，让纳税人便捷缴税。创新办税服务方式手段，积极推行以网上申报缴税为主体的多种办税和缴税方式，提高办税效率。努力减轻纳税人办税负担，清理规范收费项目，逐步取消所有税务行政性收费，推行办税事项的即时、限时办结，最大限度缩短办税时间。维护纳税人合法权益，依法严格保守纳税人商业秘密和个人隐私，及时受理、妥善处理纳税人投诉，按照法定程序向纳税人提供税务行政救济，重大事项要充分征求纳税人意见和建议，充分尊重纳税人的知情权、参与权、表达权、监督权。

2013年上半年全国税收收入情况分析

Analysis of Tax Revenue Collected Nationwide in the First Half of 2013

2013年上半年，全国税收收入累计完成63427亿元，比上年增收3432亿元，同比增长5.7%。其中税务部门组织的税收收入完成57062亿元，比上年增收4741亿元，同比增长9.1%；海关代征进口税收完成6364亿元，比上年减收1309亿元，同比下降17.1%。全国共办理出口退税5296亿元，同比下降0.2%。

一、税收收入增长总体呈现逐步回升态势，与经济发展基本相适应

上半年税收收入同比增长5.7%，各月分别增长2.5%、2.1%、4.8%、7.9%、6.7%和10.1%，总体呈现逐步回升态势。上半年税务部门组织的税收收入同比增长9.1%，GDP增长7.6%，CPI上涨2.4%，税收增长与经济发展基本协调。

二、地方级税收增长远快于中央级，但中央级税收增速逐月加快

上半年中央级税收完成35368亿元，同比增长0.1%，扣除海关代征进口税收后增长4.9%，增速逐月加快，一季度分别下降5.4%、4.9%和2.7%，二季度转降为升，分别增长2.4%、3.5%和6.9%；地方级税收完成28059亿元，同比增长13.8%，税收增长地方级快于中央级13.7个百分点。

三、主体税种低幅增长，财产行为税增长突出

主体税种中，国内增值税完成14381亿元，同比增长6.6%；企业所得税完成15002亿元，同比增长4.6%；国内消费税完成4375亿元，同比增长3.6%；营业税和个人所得税分别完成8897亿元和3625亿元，分别增长13.9%和10.8%。财产行为税增长突出，完成9548亿元，同比增长18%，其中契税、烟叶税、土地增值税、证券交易印花税和车船税分别增长39.1%、32.3%、28.4%、26.2%和26%。

四、工业税收降幅收窄，房地产业税收增幅回落

2013年以来，占全部税收超过四成的工业税收出现下降，上半年完成25800亿元，同比下降1.8%，其中采矿业和制造业税收分别下降10.4%和1.9%。房地产业税收完成8548亿元，同比增长33.1%，比上年增收2125亿元，占全部增收额的61.9%，拉动全部税收增长3.5个百分点。从各月趋势看，工业税收降幅逐步收窄，6月份转为正增长6.7%；房地产业税收则由前四个月增长38.4%，回落为5、6月份的增长分别为29%和23.5%。

2013年上半年税务机关征收社会保险费收入情况分析

Analysis of Social Security Charges Collected by the Taxation Department in the First Half of 2013

2013年上半年，全国负责征收社会保险费的税务机关积极优化服务，切实加强管理，密切部门协作，实现了社会保险费收入持续稳定增长。

一、收入情况

2013年上半年，河北、内蒙古、辽宁、大连、黑龙江、江苏、浙江、宁波、安徽、福建、厦门、湖北、湖南、广东、海南、重庆、云南、陕西、青海、甘肃、宁夏等21个省、自治区、直辖市和计划单列市地方税务局共征收各项社会保险费收入5698.78亿元，同比增长12.97%。其中：征收基本养老保险费收入3929.89亿元，同比增长11.1%；失业保险费收入293.69亿元，同比增长13.14%；基本医疗保险费收入1284.46亿元，同比增长17.65%；工伤保险费收入121.82亿元，同比增长23.79%；生育保险费收入68.92亿元，同比增长25.79%。

二、收入特点

1. 社会保险费收入总额继续保持稳定增长。上半年，五项社会保险费收入达到5698.78亿元，比上年同期增收654.21亿元，同比增长12.97%。

2. 五项保险费收入均实现平稳增长。基本养老、失业、基本医疗、工伤和生育五项社会保险费收入分别比上年同期增长11.1%、13.14%、17.65%、23.79%和25.79%，实现平稳增长。

3. 各地区收入普遍平稳增长。21个地区均保持增长态势。有4个地区增幅超过20%以上，分别为陕西（42.71%）、厦门（24.92%）、海南（22.41%）、安徽（20.45%）。

三、收入增减因素分析

1. 政策调整等一次性因素影响了部分地区的收入。如黑龙江受上年“农林四场”人员一次性集中缴费因素影响，全省养老保险费收入同比减收3亿元，导致全省收入下降8.1%；广东省受去年同期补缴因素影响，使得今年同期养老保险费比上年减收13.93亿元。

2. 费源变化影响收入。如宁波市加大社会保险费扩面工作力度，截至6月份社保应征户数为1237万户，较上年提高了9.4%；缴费户数为11.86万户，较上年提高了7.5%。重庆市截至6月底，全市各类城镇企业职工养老、主城统筹区医疗、工伤保险参保职工人数分别达到571.19万人、420万人和382.64万人，分别比上年同期增加了133.18万人、43.11万人和36.86万人。

3. 大力清缴欠费促进了社保费收入的增加。上半年，各地税务机关共清理欠费346.38亿元，其中陈欠92.81亿元，新欠253.57亿元。云南省通过建立重点费源和欠费大户监控台账，及时清缴欠费，共清缴欠费21.47亿元；甘肃省认真落实清欠计划目标，采取多种措施，进一步加大清欠力度，共清理欠费5.8亿元。

税务部门组织收入分税种完成情况

Tax Revenue Collected by the Nationwide Tax Department through the Classification of Taxes

项　　目	2012年上半年收入（亿元）	增长（%）	2013年上半年收入（亿元）	增长（%）
国内税收收入合计	59994.66	10.00	63426.51	5.70
1. 国内增值税	13490.11	6.90	14380.99	6.60
2. 国内消费税	4224.10	12.30	4374.93	3.60
3. 海关代征进口税收	7673.51	7.00	6364.36	-17.10
4. 营业税	7814.36	9.80	8897.78	13.90
5. 企业所得税	14342.08	16.05	15002.21	4.60
其中：内资企业	11158.73	22.31	11778.34	5.60
外资企业	3183.34	-1.59	3223.86	1.30
6. 个人所得税	3271.04	-7.90	3625.05	10.80
7. 资源税	517.41	68.30	550.13	6.30
8. 城镇土地使用税	838.34	31.20	927.38	10.60
9. 固定资产投资方向调节税	0.48	8913.20	0.00	-99.40
10. 城市维护建设税	1597.09	12.20	1727.20	8.10
11. 印花税	532.12	-6.40	613.69	15.30
其中：证券交易印花税	176.94	-31.70	223.38	26.20
12. 土地增值税	1372.48	14.80	1762.88	28.40
13. 房产税	738.92	30.30	821.02	11.10
14. 车船税	202.00	26.00	254.60	26.00
15. 车辆购置税	1084.80	11.75	1232.96	13.70
16. 烟叶税	22.86	50.40	30.25	32.30
17. 耕地占用税	895.93	56.90	945.17	5.50
18. 契税	1377.03	-10.87	1915.91	39.10

注：表中“税收收入”不含关税和船舶吨税，未扣减出口退税。

各税种

Tax Revenue through

年	月	国内增值税	国内消费税	营业税	企业所得税	其中：内资企业	外资企业	个人所得税	海关代征进口税收	资源税	城镇土地使用税
		收 入（亿元）									
2011	1-12	24551.43	6988.73	13679.84	19602.72	14202.16	5400.57	6054.05	13606.70	598.84	1222.26
2012	1-3	6621.25	2397.87	3997.48	5140.00	3778.58	1361.42	1905.90	4141.99	249.09	372.20
	1-6	13490.11	4224.10	7814.36	14342.08	11158.73	3183.34	3271.04	7673.51	517.41	838.34
	1-9	19332.98	6147.09	11611.78	18186.96	13871.27	4315.69	4588.04	11114.11	714.89	1158.34
	1-12	26533.14	7916.57	15751.29	22007.61	16615.27	5392.34	5820.36	14874.38	904.26	1540.69
2013	1	2422.81	670.48	2154.85	3677.97	2615.59	1062.38	757.55	1009.11	90.98	171.74
	2	2411.00	1198.17	1178.44	643.51	546.48	97.03	593.79	852.95	76.84	60.70
	3	2173.31	583.34	1237.72	957.83	779.59	178.24	728.74	1094.57	98.82	169.43
	4	2156.20	643.86	1659.52	3022.18	2113.73	908.45	494.53	1140.89	74.78	196.56
	5	2257.75	631.25	1165.46	4459.60	3922.23	537.37	503.28	1218.01	88.73	135.11
	6	2959.92	647.83	1501.79	2241.12	1800.72	440.39	547.16	1048.83	119.97	193.84
	1-3	7007.12	2451.99	4571.00	5279.31	3941.66	1337.65	2080.08	2956.63	266.65	401.87
	1-6	14380.99	4374.93	8897.78	15002.21	11778.34	3223.86	3625.05	6364.36	550.13	927.38
		比上年同期增长（%）									
2011	1-12	13.6	15.1	22.6	34.7	35.7	32.1	25.1	29.2	43.4	21.7
2012	1-3	3.9	15.3	7.8	15.6	18.7	7.6	-6.3	12.9	78.2	33.0
	1-6	6.9	12.3	9.8	16.0	22.3	-1.6	-7.9	7.0	68.3	31.2
	1-9	4.7	11.2	12.2	11.7	16.7	-1.8	-8.2	3.3	60.3	28.1
	1-12	8.1	13.3	15.1	12.3	17.0	-0.2	-3.9	9.3	51.0	26.1
2013	1	5.5	-4.1	8.8	4.3	6.3	-0.3	13.6	-37.9	8.0	10.5
	2	10.9	10.3	25.1	-2.2	3.2	-24.5	-19.4	-30.1	9.2	-15.0
	3	1.0	-4.8	15.1	0.3	-1.1	6.8	45.0	-15.7	4.6	16.6
	4	7.3	2.4	15.1	1.5	1.0	2.5	13.8	-0.6	0.9	14.4
	5	4.9	4.5	14.6	5.2	5.5	3.1	14.5	-5.9	4.9	18.9
	6	9.3	9.2	10.6	12.9	14.6	6.3	11.4	-3.8	9.4	7.3
	1-3	5.8	2.3	14.3	2.7	4.3	-1.7	9.1	-28.6	7.0	8.0
	1-6	6.6	3.6	13.9	4.6	5.6	1.3	10.8	-17.1	6.3	10.6

收入情况

the Classification of Taxes

固定资产投资方向调节税	城市维护建设税	印花税	其中：证券交易印花税	土地增值税	房产税	车船税	车辆购置税	烟叶税	耕地占用税	契税	年	月
收入（亿元）												
0.02	2777.31	1043.73	439.98	2062.80	1102.39	301.99	2044.89	91.40	1071.97	2763.61	2011	1-12
0.28	828.87	270.60	88.32	604.89	315.92	93.04	561.27	16.51	381.96	652.93	2012	1-3
0.48	1597.09	532.12	176.94	1372.48	738.92	202.00	1084.80	22.86	895.93	1377.03		1-6
0.50	2325.40	760.36	249.96	2006.57	1011.90	295.37	1649.85	56.65	1156.63	2077.11		1-9
0.51	3126.74	986.79	304.66	2718.99	1372.48	392.89	2228.87	131.75	1583.75	2848.97		1-12
0.00	345.73	147.47	46.88	293.59	155.02	42.75	272.22	13.67	94.86	279.05	2013	1
0.00	286.10	83.65	33.98	219.40	64.19	46.06	149.73	2.10	68.50	214.46		2
0.00	246.52	90.68	39.11	301.78	116.02	35.38	191.67	4.69	228.97	410.22		3
0.00	291.12	95.14	31.24	249.11	209.40	45.61	202.14	0.62	93.14	316.13		4
0.00	255.13	90.72	32.66	274.95	153.71	43.04	226.24	0.74	137.53	305.87		5
0.00	302.60	106.02	39.52	424.05	122.69	41.76	190.96	8.42	322.17	390.18		6
0.00	878.35	321.81	119.97	814.76	335.23	124.20	613.62	20.47	392.34	903.73		1-3
0.00	1727.20	613.69	223.38	1762.88	821.02	254.60	1232.96	30.25	945.17	1915.91		1-6
比上年同期增长（%）												
-79.5	47.2	0.2	-19.4	61.4	23.3	25.0	14.1	16.7	20.67	12.12	2011	1-12
10742.3	14.7	-6.9	-33.0	4.6	40.1	24.9	22.1	58.5	55.30	-15.00	2012	1-3
8913.2	12.2	-6.4	-31.7	14.8	30.3	26.0	11.7	50.4	56.90	-10.90		1-6
3437.3	11.4	-7.4	-32.1	22.7	26.5	29.1	10.0	69.8	50.60	-4.60		1-9
2774.2	12.6	-5.5	-30.8	31.8	24.5	30.1	9.0	44.1	47.70	3.10		1-12
-99.7	4.7	38.1	153.1	43.0	19.1	49.1	44.3	26.5	25.10	51.80	2013	1
	12.5	18.5	18.7	41.4	-8.4	43.7	-14.2	-22.2	-18.80	17.00		2
-99.1	0.9	-2.7	-5.0	23.4	0.3	9.5	-3.3	56.3	3.30	43.50		3
-66.7	12.4	10.6	9.8	31.4	19.3	18.8	24.1	28.6	-9.30	61.10		4
	11.3	7.3	0.9	26.0	13.2	24.9	15.0	-25.0	3.10	37.50		5
-99.0	8.1	16.6	42.2	17.9	10.0	15.7	16.5	72.6	15.90	27.80		6
-99.7	6.0	18.9	35.8	34.7	6.1	33.5	9.3	23.9	2.70	38.40		1-3
-99.4	8.1	15.3	26.2	28.4	11.1	26.0	13.7	32.3	5.50	39.10		1-6

重点行业货物

Goods and Service Tax Revenue

年	月	工业增值税及消费税	卷烟	酒	纺织品	煤炭	原油	成品油	电力	化工产品	机械运输设备	钢坯钢材	有色金属	建材
		收　入（亿元）												
2011	1-12	25860.83	4156.64	391.47	445.89	1977.87	906.21	3316.87	1598.40	886.64	3558.48	472.82	366.31	849.38
2012	1-3	7430.60	1493.20	125.80	110.81	509.90	264.96	1047.54	411.81	202.76	971.23	94.85	93.48	190.94
	1-6	14761.99	2539.96	235.89	253.57	1074.18	587.97	1879.09	873.78	447.02	2016.46	213.95	204.01	427.78
	1-9	21224.09	3721.03	352.06	357.31	1442.49	811.17	2699.59	1373.22	655.43	2880.30	297.20	280.05	639.82
	1-12	28546.23	4885.64	464.44	499.19	1870.59	1013.30	3554.11	1885.06	902.80	3859.38	414.53	406.94	892.43
2013	1	2337.01	325.62	39.46	37.41	111.40	50.98	317.34	149.83	76.69	376.54	26.39	29.52	74.88
	2	2934.63	1041.67	50.57	35.45	108.32	101.67	300.92	157.25	62.01	328.34	33.64	25.86	60.78
	3	2270.58	298.07	38.53	38.32	155.99	95.57	295.88	162.76	58.21	308.19	42.02	28.31	56.30
	4	2237.18	372.79	35.10	34.35	110.80	92.99	289.02	153.69	66.08	349.80	26.30	24.12	57.08
	5	2330.76	370.32	31.35	43.64	125.52	85.49	266.04	166.31	74.53	351.17	28.70	25.90	78.15
	6	2977.52	376.73	38.26	57.46	204.33	127.89	316.60	212.26	100.73	431.64	50.53	47.64	116.97
	1-3	7542.22	1665.36	128.56	111.18	375.71	248.22	914.14	469.83	196.91	1013.07	102.05	83.69	191.96
	1-6	15087.68	2785.20	233.27	246.63	816.36	554.60	1785.80	1002.10	438.25	2145.68	207.59	181.34	444.16
		比上年同期增长（%）												
2011	1-12	13.5	23.0	87.4	4.0	25.0	31.7	4.9	7.5	11.7	80.3	-1.7	25.6	25.3
2012	1-3	8.5	17.9	20.6	5.7	12.1	44.6	5.2	6.8	-4.9	0.4	-26.0	18.9	6.2
	1-6	9.9	16.6	18.2	15.0	9.5	27.1	0.5	9.7	-0.8	8.6	-20.6	12.2	2.2
	1-9	7.6	15.4	15.5	10.5	-1.2	13.0	0.3	13.8	-1.2	7.9	-22.3	1.1	1.0
	1-12	10.4	17.5	18.6	12.0	-5.4	11.8	7.2	17.9	1.8	8.5	-12.3	11.1	5.1
2013	1	-2.4	12.2	-2.9	6.7	-38.8	3.7	-15.0	15.4	1.6	2.2	5.9	-8.9	-3.8
	2	9.0	17.2	15.4	-2.9	-20.4	4.8	-15.6	23.7	5.0	19.6	46.1	3.0	14.3
	3	-3.1	-5.1	-6.8	-2.4	-18.7	-19.5	-6.8	5.1	-14.6	-6.1	-10.4	-21.3	-6.0
	4	1.6	3.1	4.9	-15.8	-34.7	2.3	0.0	14.9	-7.9	10.6	6.3	-11.8	-2.9
	5	0.4	6.9	-9.4	-6.2	-27.3	-22.1	-2.8	13.2	-0.2	7.8	-27.6	-16.2	5.9
	6	6.1	11.2	-8.9	3.7	-7.9	4.6	17.8	17.1	3.0	7.1	-7.6	-8.9	12.3
	1-3	1.5	11.5	2.2	0.3	-26.3	-6.3	-12.7	14.1	-2.9	4.3	7.6	-10.5	0.5
	1-6	2.2	9.7	-1.1	-2.7	-24.0	-5.7	-5.0	14.7	-2.0	6.4	-3.0	-11.1	3.8

劳务税收入情况

through Principal Industries

					营业税									
服装皮革	电气器材	电信设备	其他	商业增值税		金融业	交通运输业	建筑业	租赁和商务服务业	电信业	住宿餐饮业	房地产业	年	月
收入（亿元）														
578.46	762.54	742.33	4624.00	5679.33	13679.84	2166.64	898.84	3123.58	1238.37	293.22	516.94	3590.41	2011	1-12
173.59	202.59	215.92	1258.00	1558.88	3997.48	741.88	251.25	924.20	276.18	83.20	144.81	926.50	2012	1-3
367.65	438.01	482.36	2590.00	2869.62	7814.36	1487.96	482.59	1756.38	514.60	164.45	281.13	1920.36		1-6
511.10	625.10	666.93	3722.00	4116.35	11611.78	2210.36	716.72	2600.30	749.81	242.81	419.18	2899.49		1-9
717.93	877.85	916.72	5124.00	5607.27	15751.29	2874.33	958.91	3705.56	1034.45	321.12	564.81	3922.39		1-12
55.28	78.89	74.76	488.00	623.30	2154.85	686.03	65.94	469.13	106.21	28.40	56.19	478.73	2013	1
59.80	66.66	72.27	405.00	563.06	1178.44	100.54	57.93	335.47	64.71	27.64	48.58	380.72		2
66.15	76.90	118.83	410.00	407.56	1237.72	70.29	61.48	297.55	71.97	29.14	41.99	482.00		3
54.41	65.43	85.57	398.00	462.55	1659.52	619.99	61.33	235.03	67.44	29.13	42.75	441.44		4
65.33	84.38	78.81	430.00	465.11	1165.46	59.56	66.19	308.19	72.40	28.59	41.28	424.30		5
76.92	100.82	124.04	565.00	540.07	1501.79	100.92	65.73	426.62	99.10	29.87	43.18	536.09		6
181.22	222.45	265.87	1303.00	1593.92	4571.00	856.85	185.35	1102.16	242.89	85.18	146.76	1341.45		1-3
377.90	473.08	554.29	2696.00	3061.65	8897.78	1637.32	378.60	2072.00	481.83	172.77	273.97	2743.28		1-6
比上年同期增长（%）														
16.9	5.0	-5.1	16.8	16.0	22.6	28.4	20.4	25.3	31.2	11.8	22.2		2011	1-12
18.3	5.5	-5.7	8.4	-2.7	7.8	39.2	13.8	15.3	-14.6	12.8	13.0	-17.5	2012	1-3
28.0	13.4	13.6	10.9	-2.8	9.8	37.2	9.4	15.0	-15.3	10.2	12.0	-9.2		1-6
23.7	11.9	15.7	7.6	-3.6	12.2	34.8	7.7	16.8	-16.8	8.3	10.1	-1.2		1-9
24.1	15.1	23.5	10.8	-1.3	15.1	32.7	6.7	18.6	-16.5	9.5	9.3	9.2		1-12
6.6	9.2	18.2	-2.8	3.6	8.8	17.5	-36.9	9.8	-20.0	6.5	3.9	39.8	2013	1
0.2	3.6	-5.2	14.7	2.1	25.1	21.8	-19.1	48.2	-4.4	-4.3	1.0	52.5		2
6.6	16.5	55.5	1.8	0.4	15.1	-7.1	-18.2	9.9	-4.9	5.4	-1.5	44.2		3
-1.2	7.5	23.0	5.2	11.1	15.1	5.5	-16.2	16.7	-3.8	12.3	-4.4	63.5		4
0.0	11.8	18.2	2.9	10.9	14.6	-15.0	-15.1	17.9	-1.4	7.2	-6.7	45.0		5
4.5	1.8	-4.7	5.4	13.7	10.6	14.4	-18.0	15.5	4.4	4.3	-8.8	24.3		6
4.4	9.8	23.1	3.6	2.2	14.3	15.5	-26.2	19.3	-12.1	2.4	1.3	44.8		1-3
2.8	8.0	14.9	4.1	6.7	13.9	10.0	-21.5	18.0	-6.4	5.1	-2.5	42.9		1-6

重点行业所得税收入情况

Income Tax Revenue through Principal Industries

年	月	企业所得税	工业	商业	金融业	交通运输业	建筑业	电信业	住宿餐饮业	租赁及商务服务业	房地产业	个人所得税	利息、股息、红利所得	工资薪金	年	月
		收　入（亿元）														
2011	1-12	19602.72	7160.26	2496.21	3977.43	562.17	904.95	442.62	88.78	844.85	2203.46	6054.05	660.35	3889.81	2011	1-12
2012	1-3	5140.00	2044.00	672.98	869.67	155.98	280.28	111.36	25.70	213.38	465.94	1905.90	245.88	1274.47	2012	1-3
	1-6	14342.08	4616.95	1614.63	3997.08	362.94	636.35	335.12	59.38	568.77	1476.97	3271.04	454.69	2067.29		1-6
	1-9	18186.96	5886.75	2060.83	4859.51	474.76	859.74	456.22	79.94	750.37	1883.79	4588.04	635.61	2835.66		1-9
	1-12	22007.61	7349.12	2496.18	5490.79	586.89	1134.48	582.54	104.46	906.83	2277.73	5820.36	757.43	3577.15		1-12
2013	1	3677.97	1387.98	490.03	615.92	88.26	202.75	50.09	19.13	181.97	413.53	757.55	97.04	476.97	2013	1
	2	643.51	169.99	72.02	171.41	19.58	67.16	11.82	2.82	32.62	65.55	593.79	51.25	419.88		2
	3	957.83	343.83	87.95	216.86	35.43	66.63	24.12	2.91	34.10	114.34	728.74	63.07	514.18		3
	4	3022.18	1175.96	424.54	651.04	68.39	104.15	96.09	12.18	105.72	255.74	494.53	50.24	315.53		4
	5	4459.60	726.35	306.21	2288.04	56.91	163.13	34.35	9.28	187.36	544.44	503.28	64.00	307.08		5
	6	2241.12	679.05	225.98	423.35	46.25	129.74	54.53	4.41	106.23	489.51	547.16	87.87	297.58		6
	1-3	5279.31	1901.81	650.00	1004.20	143.27	336.54	86.02	24.85	248.69	593.42	2080.08	211.36	1411.03		1-3
	1-6	15002.21	4483.16	1606.73	4366.63	314.82	733.55	271.00	50.72	648.00	1883.11	3625.05	413.47	2331.22		1-6
		比上年同期增长（%）														
2011	1-12	34.7	38.5	39.2	32.5	34.8	37.1	16.9	22.4	54.9	21.7	25.1		23.6	2011	1-12
2012	1-3	15.6	16.9	13.7	27.3	9.4	21.5	46.0	25.6	0.8	-7.1	-6.3	10.9	-8.5	2012	1-3
	1-6	16.0	8.1	6.3	45.7	5.7	22.1	35.3	22.1	3.1	-4.1	-7.9	12.0	-11.8		1-6
	1-9	11.7	1.0	1.3	41.4	5.7	21.4	27.5	17.3	4.9	-2.3	-8.2	14.9	-13.1		1-9
	1-12	12.3	2.6	0.0	38.0	4.4	25.4	31.6	17.7	7.3	3.4	-3.9	14.7	-8.0		1-12
2013	1	4.3	-5.1	-0.5	22.6	-20.5	17.2	-27.6	-11.1	16.3	33.6	13.6	44.4	7.0	2013	1
	2	-2.2	-16.2	-17.8	6.4	12.4	46.3	-56.0	49.8	15.7	18.8	-19.4	-52.9	-20.1		2
	3	0.3	-9.0	-5.5	5.2	28.6	8.6	57.4	26.9	18.9	13.0	45.0	-9.7	69.6		3
	4	1.5	-5.3	-1.7	7.1	-10.9	9.0	-7.8	-25.5	13.8	38.2	13.8	-2.8	14.8		4
	5	5.2	-9.6	-2.2	10.6	-26.2	12.4	9.8	-27.1	4.7	21.5	14.5	-4.9	16.4		5
	6	12.9	28.6	15.0	-6.1	-12.8	12.5	-38.2	-4.1	27.1	29.6	11.4	-2.2	17.0		6
	1-3	2.7	-7.0	-3.4	15.5	-8.2	20.1	-22.8	-3.3	16.5	27.4	9.1	-14.0	10.7		1-3
	1-6	4.6	-2.9	-0.5	9.2	-13.3	15.3	-19.1	-14.6	13.9	27.5	10.8	-9.1	12.8		1-6

税收收入分级次分国税局地税局情况

Tax Revenue by Budgetary Levels set by the National and Local Taxation Department

年	月	中央级	地方级	国税局	地税局
		收 入（亿元）			
2011	1-12	58472.60	41092.08	62461.74	37102.94
2012	1-3	16671.31	11880.76	17552.58	10999.49
	1-6	35332.24	24662.42	37645.00	22349.66
	1-9	48971.11	35223.43	52370.00	31824.54
	1-12	63632.67	47107.38	68571.49	42168.56
2013	1	6580.49	6019.39	7254.52	5345.36
	2	4773.87	3375.71	5060.00	3089.59
	3	4571.11	4098.59	4733.40	3936.30
	4	5866.98	5023.96	6599.82	4291.11
	5	7661.90	4285.21	8066.56	3880.55
	6	5913.52	5255.77	6457.72	4711.58
	1-3	15925.47	13493.70	17047.91	12371.25
	1-6	35367.87	28058.64	38172.01	25254.49
		比上年同期增长（%）			
2011	1-12	22.0	25.2	21.3	26.9
2012	1-3	9.0	9.9	9.5	9.2
	1-6	9.3	11.0	10.2	9.7
	1-9	6.0	11.5	7.0	10.2
	1-12	8.8	14.6	9.8	13.7
2013	1	-5.4	12.7	-4.1	13.0
	2	-4.9	13.9	-0.7	7.0
	3	-2.7	14.6	-3.3	16.4
	4	2.4	15.0	3.6	15.1
	5	3.5	12.8	4.1	12.4
	6	6.9	13.9	8.1	13.0
	1-3	-4.5	13.6	-2.9	12.5
	1-6	0.1	13.8	1.4	13.0

注：表中“国税局”税收收入含海关代征进口税收。

东、中、西部税收收入情况

Regional Tax Revenues (East, Central and West Regions)

年	月	税收收入	东部	中部	西部
		收入（亿元）			
2011	1-12	99564.68	67195.36	16204.51	16164.81
2012	1-3	28552.07	19043.05	5014.42	4494.59
	1-6	59994.66	40358.86	10098.30	9537.50
	1-9	84194.54	56478.09	14175.90	13540.55
	1-12	110740.04	73750.94	18432.22	18556.88
2013	1	12599.88	8570.46	2108.95	1920.47
	2	8149.59	5202.13	1544.32	1403.13
	3	8669.70	5509.16	1719.71	1440.83
	4	10890.94	7388.16	1752.81	1749.97
	5	11947.11	8617.59	1677.50	1652.01
	6	11169.30	6942.11	2108.33	2118.86
	1-3	29419.16	19281.75	5372.98	4764.44
	1-6	63426.51	42229.61	10911.62	10285.28
		比上年同期增长（%）			
2011	1-12	23.3	21.2	27.3	28.6
2012	1-3	9.4	6.9	16.7	12.7
	1-6	10.0	8.3	13.9	13.4
	1-9	8.2	7.0	11.1	10.5
	1-12	11.2	9.8	13.7	14.8
2013	1	2.5	0.4	8.1	6.2
	2	2.1	-0.5	7.5	6.3
	3	4.8	4.3	5.7	5.4
	4	7.9	8.9	6.2	5.3
	5	6.7	6.9	5.1	7.0
	6	10.1	7.2	14.8	15.4
	1-3	3.0	1.3	7.2	6.0
	1-6	5.7	4.6	8.1	7.8

注： 1. 表中"东部"地区包括北京、天津、河北、辽宁、上海、江苏、浙江、福建、山东、广东和海南。

2. 表中"中部"地区包括山西、吉林、黑龙江、安徽、江西、河南、湖北和湖南。

3. 表中"西部"地区包括内蒙古、广西、四川、重庆、贵州、云南、西藏、陕西、甘肃、青海、宁夏和新疆。

2013年上半年分地区分国税局地税局税收收入情况

Tax Revenue Collected by National and Local Taxation Offices of Each Region in the First Half of 2013

地　区	税收收入（亿元）		国税局税收收入（亿元）		地税局税收收入（亿元）	
		增长（%）		增长（%）		增长（%）
全　国	63426.51	5.7	38172.01	1.4	25254.49	13.0
北　京	6515.39	10.6	4939.07	11.0	1576.32	9.7
天　津	1953.78	-1.5	1397.13	-6.5	556.65	13.8
河　北	1900.21	-2.9	1075.17	-7.4	825.05	3.8
山　西	1288.13	-4.2	676.69	-15.9	611.44	13.4
内蒙古	1243.83	3.4	641.85	-3.6	601.98	12.2
辽　宁	1737.50	1.4	817.25	-3.2	920.25	5.8
大　连	807.12	-0.5	476.40	-11.7	330.72	21.5
吉　林	987.46	6.2	606.47	3.5	380.99	10.8
黑龙江	1383.22	7.0	875.04	5.4	508.18	9.8
上　海	5960.09	1.0	4227.74	-0.9	1732.35	5.8
江　苏	5565.91	6.0	3149.10	0.4	2416.82	14.4
浙　江	3170.97	4.4	1743.37	3.0	1427.60	6.2
宁　波	1230.43	2.0	849.74	0.1	380.69	6.5
安　徽	1423.13	6.5	713.76	-0.2	709.37	14.4
福　建	1381.71	14.8	765.47	8.7	616.24	23.3
厦　门	509.80	11.7	312.75	7.7	197.05	18.9
江　西	1033.39	10.5	439.49	0.1	593.91	19.7
山　东	3131.92	5.9	1774.81	-0.5	1357.11	15.7
青　岛	921.98	0.4	642.65	-5.3	279.33	16.9
河　南	1680.07	12.2	852.47	4.0	827.60	22.1
湖　北	1666.27	12.2	925.74	5.7	740.54	21.6
湖　南	1449.95	13.5	842.53	11.6	607.41	16.2
广　东	4958.95	5.2	3151.01	-0.2	1807.95	16.3
深　圳	2088.11	5.3	1263.33	1.9	824.77	10.9
广　西	868.84	5.7	471.41	-3.4	397.43	19.1
海　南	395.74	3.9	180.90	-10.2	214.85	19.6
重　庆	980.46	13.0	456.86	12.8	523.61	13.2
四　川	1971.02	11.9	906.10	6.7	1064.92	16.8
贵　州	797.64	19.8	374.10	14.8	423.55	24.6
云　南	1315.92	8.1	785.78	6.0	530.14	11.4
西　藏	64.35	46.8	64.35	46.8		
陕　西	1362.97	3.7	809.56	1.9	553.41	6.5
甘　肃	482.60	3.3	283.13	-3.4	199.47	14.7
青　海	178.46	11.2	100.58	9.1	77.88	14.0
宁　夏	219.89	11.7	124.34	12.6	95.55	10.4
新　疆	799.28	-2.4	455.90	-12.5	343.38	15.0

2013年上半年分地区

Revenue of Major Taxes of Each

地 区	国内增值税（亿元）		国内消费税（亿元）		营业税（亿元）	
		增长（%）		增长（%）		增长（%）
全 国	14380.99	6.6	4374.93	3.6	8897.78	13.9
北 京	699.70	33.9	102.41	16.9	643.86	-5.7
天 津	365.12	15.7	81.19	-9.3	201.88	5.5
河 北	507.82	-11.1	109.49	-6.5	311.97	10.9
山 西	461.07	-17.9	23.71	0.9	205.10	20.6
内蒙古	383.05	-3.0	52.82	64.4	179.71	16.0
辽 宁	350.27	3.8	179.28	-7.9	226.96	11.1
大 连	103.95	-2.4	75.48	-14.6	99.22	27.2
吉 林	230.76	3.3	154.86	3.8	117.91	13.1
黑龙江	354.20	0.7	112.08	-4.3	148.36	12.6
上 海	1280.59	14.7	408.34	14.1	533.83	6.0
江 苏	1504.19	7.6	260.80	10.6	927.22	18.7
浙 江	890.12	8.5	96.22	-7.0	497.29	7.8
宁 波	288.32	15.6	110.43	5.8	111.17	2.8
安 徽	354.85	0.6	116.47	-2.5	253.47	9.9
福 建	299.28	5.5	71.84	7.0	218.90	19.0
厦 门	108.60	20.0	25.69	3.1	67.61	17.5
江 西	234.67	6.1	58.73	-4.8	234.96	31.6
山 东	807.49	2.1	148.24	-2.0	432.41	23.7
青 岛	146.44	16.7	85.97	6.9	101.98	27.9
河 南	377.58	-2.8	139.67	-10.5	298.95	26.9
湖 北	394.01	16.1	217.24	-0.4	269.59	16.0
湖 南	327.94	3.7	299.67	29.2	235.02	18.8
广 东	1314.76	16.5	298.92	0.0	590.19	8.9
深 圳	437.78	12.5	19.58	-3.0	222.10	6.3
广 西	171.04	8.2	95.93	-2.4	147.99	22.4
海 南	45.31	-1.1	38.66	-27.3	89.17	29.3
重 庆	196.41	11.2	59.43	20.1	218.10	21.3
四 川	426.75	2.4	136.29	11.9	426.96	18.1
贵 州	180.06	11.4	94.66	16.4	157.76	29.8
云 南	275.34	-3.4	333.99	10.5	205.49	21.9
西 藏	15.84	54.3	0.62	23.0	11.19	48.2
陕 西	429.63	7.1	146.30	-2.2	212.97	13.8
甘 肃	116.86	-8.9	98.55	-7.4	86.37	23.3
青 海	55.30	-9.9	9.63	-5.8	34.12	14.0
宁 夏	55.66	11.3	25.02	27.1	50.26	13.1
新 疆	190.25	-4.7	86.72	-13.8	127.73	22.9

主要税种收入情况

Region in the First Half of 2013

企业所得税（亿元）	增长（%）	内资企业（亿元）	增长（%）	外资企业（亿元）	增长（%）	个人所得税（亿元）	增长（%）	海关代征进口税收（亿元）	增长（%）
15002.21	4.6	11778.34	5.6	3223.86	1.3	3625.05	10.8	6364.36	−17.10
3928.53	9.4	3576.95	10.8	351.58	−3.3	450.34	17.8	214.24	−5.40
407.01	6.1	187.13	10.6	219.88	2.6	80.35	15.0	564.29	−21.90
339.16	−4.9	306.04	−3.6	33.12	−15.8	79.60	7.4	185.19	−12.60
316.41	−8.2	291.12	−7.9	25.29	−11.2	73.50	19.4	20.84	12.10
231.78	−16.0	220.04	−15.7	11.74	−22.0	67.61	−8.4	39.23	−18.40
242.09	−5.7	173.56	−9.5	68.53	5.7	56.78	−2.6	91.33	−7.50
106.02	12.8	72.52	14.4	33.50	9.5	34.29	13.1	215.08	−18.80
204.33	5.5	101.46	−5.1	102.87	18.6	38.87	1.8	39.74	−7.00
404.71	23.8	390.86	24.4	13.85	8.8	54.31	27.3	52.27	−41.00
1402.59	2.1	749.95	1.4	652.64	2.8	493.39	10.4	1235.61	−19.50
1060.86	0.1	727.44	0.3	333.43	−0.4	356.51	13.5	521.10	−19.50
657.73	2.4	549.62	3.7	108.11	−3.4	230.75	8.1	227.12	−20.50
180.33	5.5	144.61	6.4	35.72	2.1	61.87	17.5	324.21	−15.20
276.43	−3.7	239.21	−4.2	37.23	−0.3	59.48	17.0	40.26	3.30
338.88	21.5	268.22	29.5	70.66	−1.6	78.00	14.9	118.23	−8.80
103.72	−3.0	60.34	−6.3	43.38	2.0	26.16	9.5	96.15	4.30
187.16	4.6	157.06	8.7	30.10	−12.3	38.97	−5.6	16.82	−41.80
515.85	−8.0	407.81	−6.6	108.03	−13.1	108.16	7.5	402.38	−6.10
126.39	11.2	94.00	6.0	32.39	29.6	34.35	14.1	313.95	−19.10
321.37	7.6	267.50	6.5	53.87	13.0	66.53	13.2	57.50	101.00
313.55	1.6	245.40	14.1	68.15	−27.1	80.86	12.7	50.15	−6.80
209.40	2.5	177.35	5.0	32.05	−9.5	69.45	8.6	20.52	−16.90
940.90	7.6	553.48	7.3	387.42	8.0	281.06	15.3	791.37	−23.10
492.45	7.0	311.80	−2.5	180.65	28.9	193.25	−5.6	394.61	−15.00
128.97	5.4	107.34	6.1	21.63	2.1	39.95	17.0	95.35	−26.20
84.82	17.5	68.03	27.7	16.79	−11.1	15.99	51.0	37.08	−20.10
189.45	10.5	143.19	16.0	46.25	−3.5	52.97	13.6	41.52	21.40
400.08	7.2	353.12	8.4	46.97	−1.1	119.18	11.6	45.05	20.80
145.52	19.8	142.26	21.1	3.25	−19.0	48.57	4.4	2.94	28.00
202.87	7.6	184.02	8.5	18.85	−0.1	59.10	0.9	12.41	59.30
16.52	49.7	15.27	45.7	1.24	124.2	13.53	35.4	0.44	373.00
253.32	−9.7	231.47	−10.1	21.85	−6.1	71.84	12.3	13.08	−25.50
54.43	4.2	49.59	6.4	4.84	−14.5	21.52	5.1	23.15	26.50
41.88	72.7	40.07	86.5	1.81	−34.6	6.79	14.8	0.96	79.60
34.52	0.6	33.19	0.9	1.32	−8.3	10.17	7.2	2.12	−23.80
142.18	−2.7	137.33	−0.4	4.85	−41.4	51.01	21.1	58.03	−40.50

近年各月份税收收入

Monthly Tax Revenues in Current Years

单位：亿元

年度 月份	2010	2011	2012	2013
1	8215.44	11611.63	12294.16	12599.88
2	5551.92	7108.91	7984.41	8149.59
3	5870.15	7381.08	8273.50	8669.70
4	7676.65	9700.91	10097.50	10890.94
5	7477.60	9648.29	11199.16	11947.11
6	7167.63	9094.64	10145.94	11169.30
7	7649.63	9364.73	9723.04	
8	5573.12	6820.71	6870.83	
9	5875.25	7057.33	7606.01	
10	7753.77	8926.49	9984.40	
11	5946.87	6266.72	7408.73	
12	5984.97	6583.25	9152.38	

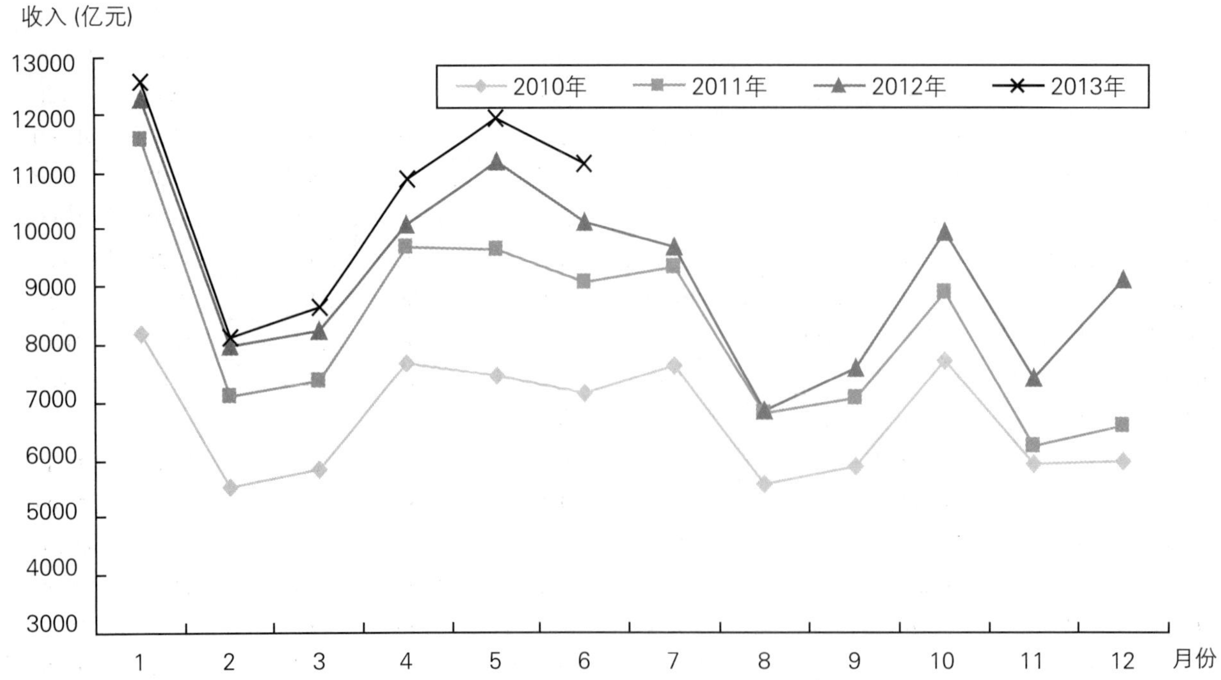

近年各月份税收收入增幅

Monthly Increased Rates of Tax Revenue in Current Years

单位：%

年度 月份	2010	2011	2012	2013
1	34.15	41.34	5.88	2.49
2	35.45	28.04	12.32	2.07
3	34.93	25.74	12.09	4.79
4	31.95	26.37	4.09	7.86
5	22.94	29.03	16.07	6.68
6	18.63	26.88	11.56	10.09
7	21.11	22.42	3.83	
8	9.32	22.39	0.73	
9	12.74	20.12	7.77	
10	18.81	15.12	11.85	
11	23.18	5.38	18.22	
12	20.28	10.00	39.03	

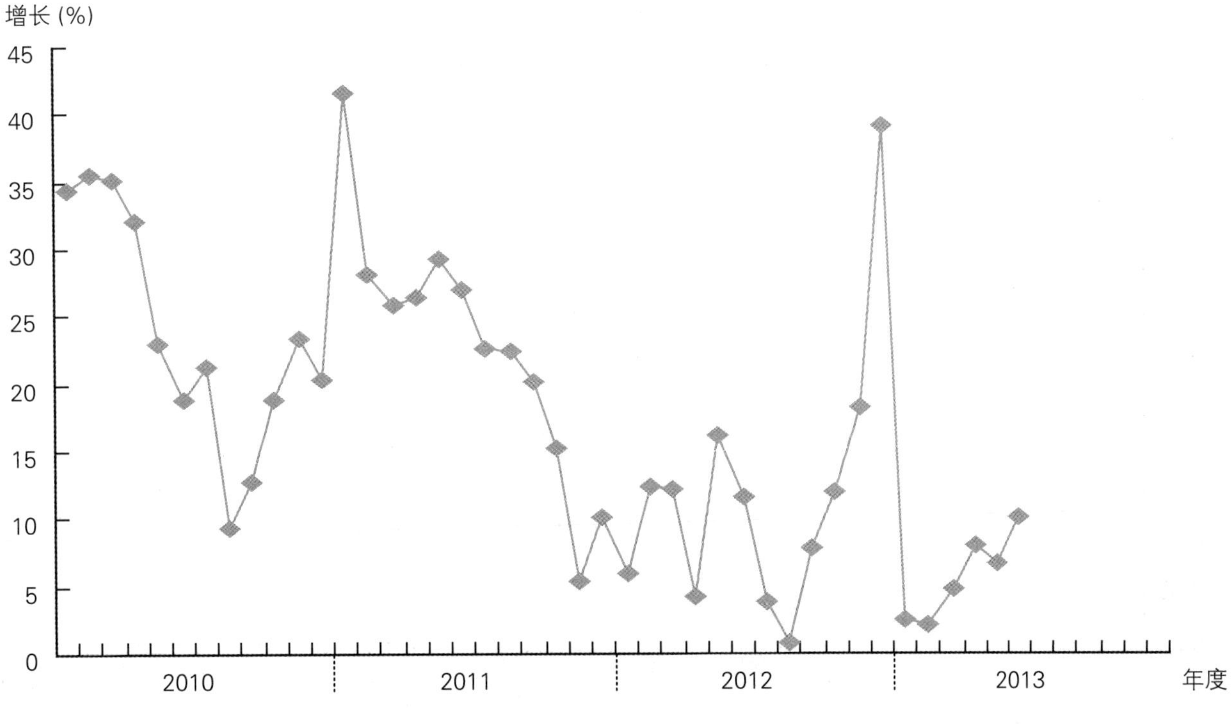

近年各月份国内增值税收入

Monthly Domestic Value-Added Tax Revenue in Current Years

单位：亿元

月份 \ 年度	2010	2011	2012	2013
1	1806.47	2331.17	2295.97	2422.81
2	1765.76	2112.99	2173.30	2411.00
3	1646.75	1926.56	2151.98	2173.31
4	1603.42	1860.74	2009.96	2156.20
5	1737.47	1982.00	2151.83	2257.75
6	2088.83	2405.82	2707.07	2959.92
7	1570.86	1791.24	1768.49	
8	1698.40	1975.10	1800.24	
9	1799.88	2087.65	2274.15	
10	1872.68	2011.15	2185.68	
11	1895.11	1889.38	2217.42	
12	2123.04	2177.63	2797.05	

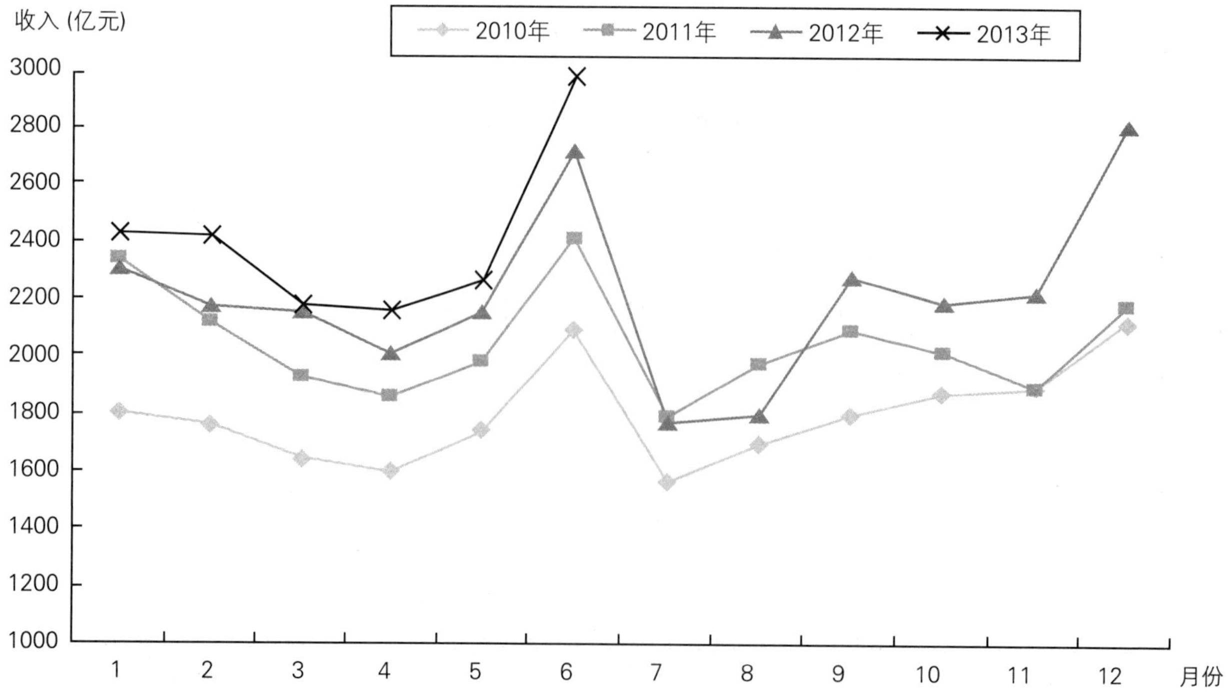

近年各月份国内增值税收入增幅

Monthly Increased Rates of Domestic Value-Added Tax Revenue in Current Years

单位：%

月份 \ 年度	2010	2011	2012	2013
1	6.89	29.05	-1.51	5.52
2	19.67	19.66	2.85	10.94
3	15.48	16.99	11.7	0.99
4	13.75	16.05	8.02	7.28
5	19.13	14.07	8.57	4.92
6	13.62	15.18	12.52	9.34
7	10.79	14.03	-1.27	
8	13.86	16.29	-8.85	
9	8.69	15.99	8.93	
10	17.36	7.39	8.68	
11	17.51	-0.3	17.36	
12	21.46	2.57	28.44	

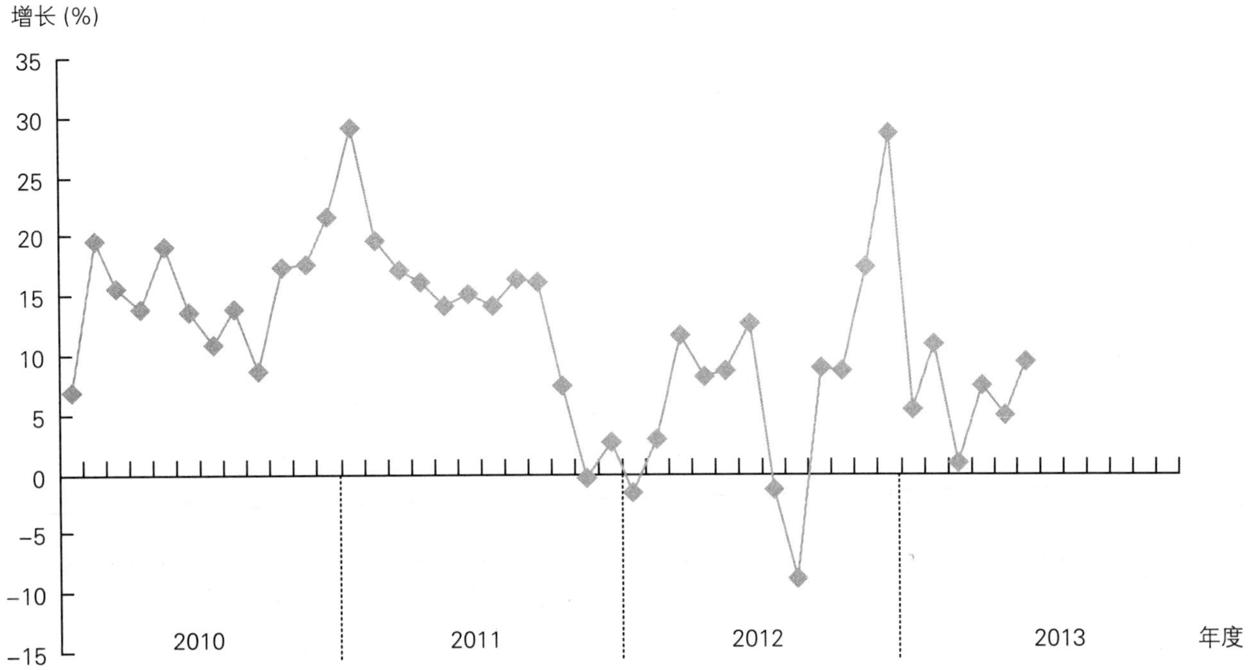

近年各季度税收收入

Quarterly Tax Revenue in Current Years

单位：亿元

年度 / 季度	2010	2011	2012	2013
一	19637.51	26101.62	28552.07	29419.16
二	22321.87	28443.84	31442.59	34007.34
三	19098.00	23242.76	24199.88	
四	19685.61	21776.46	26545.51	

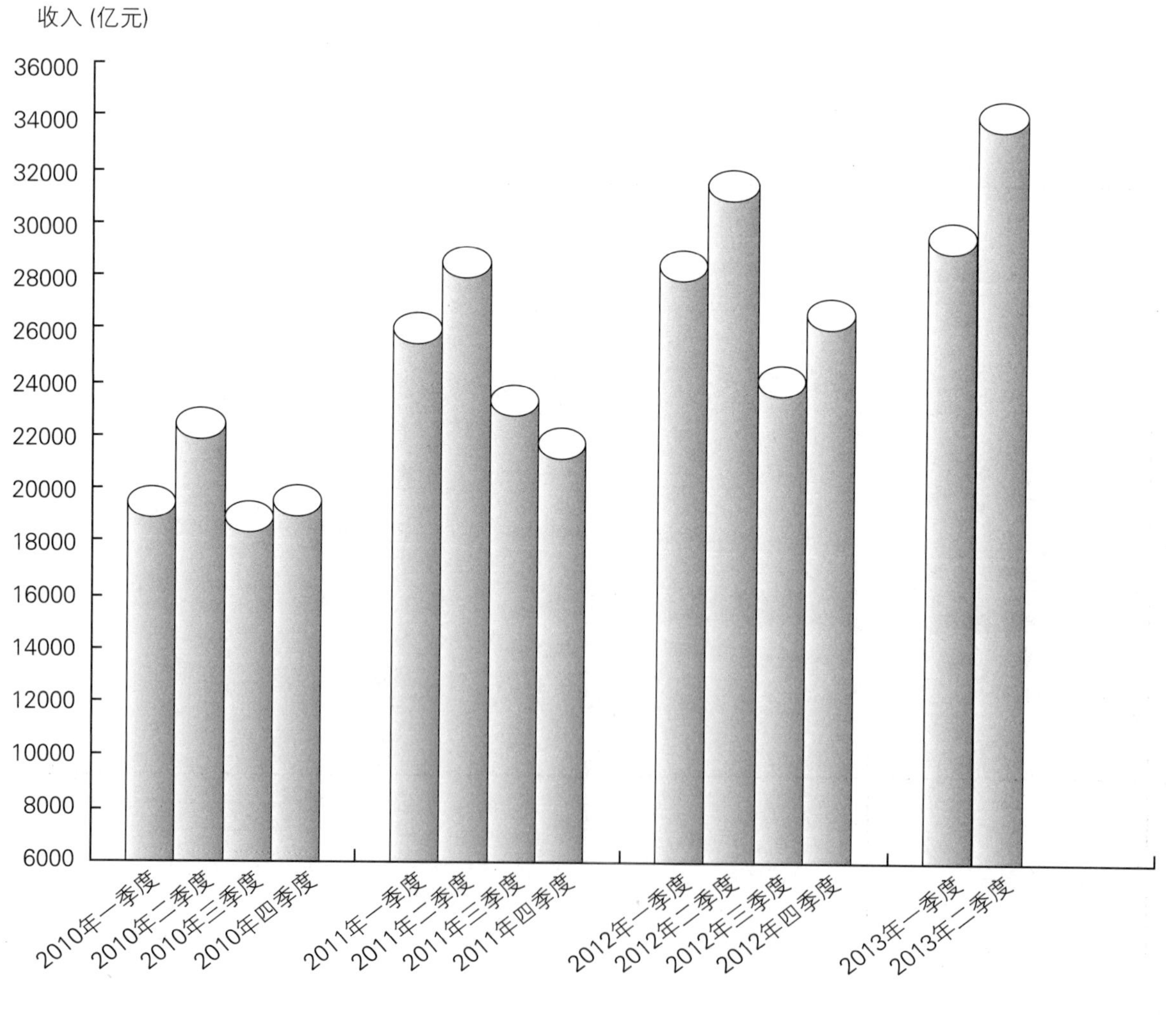

近年各季度国内增值税收入

Quarterly Domestic Value-Added Tax Revenue in Current Years

单位：亿元

季度 \ 年度	2010	2011	2012	2013
一	5218.98	6370.72	6621.25	7007.12
二	5429.71	6248.56	6868.86	7373.87
三	5069.14	5853.99	5842.88	
四	5890.83	6078.15	7200.15	

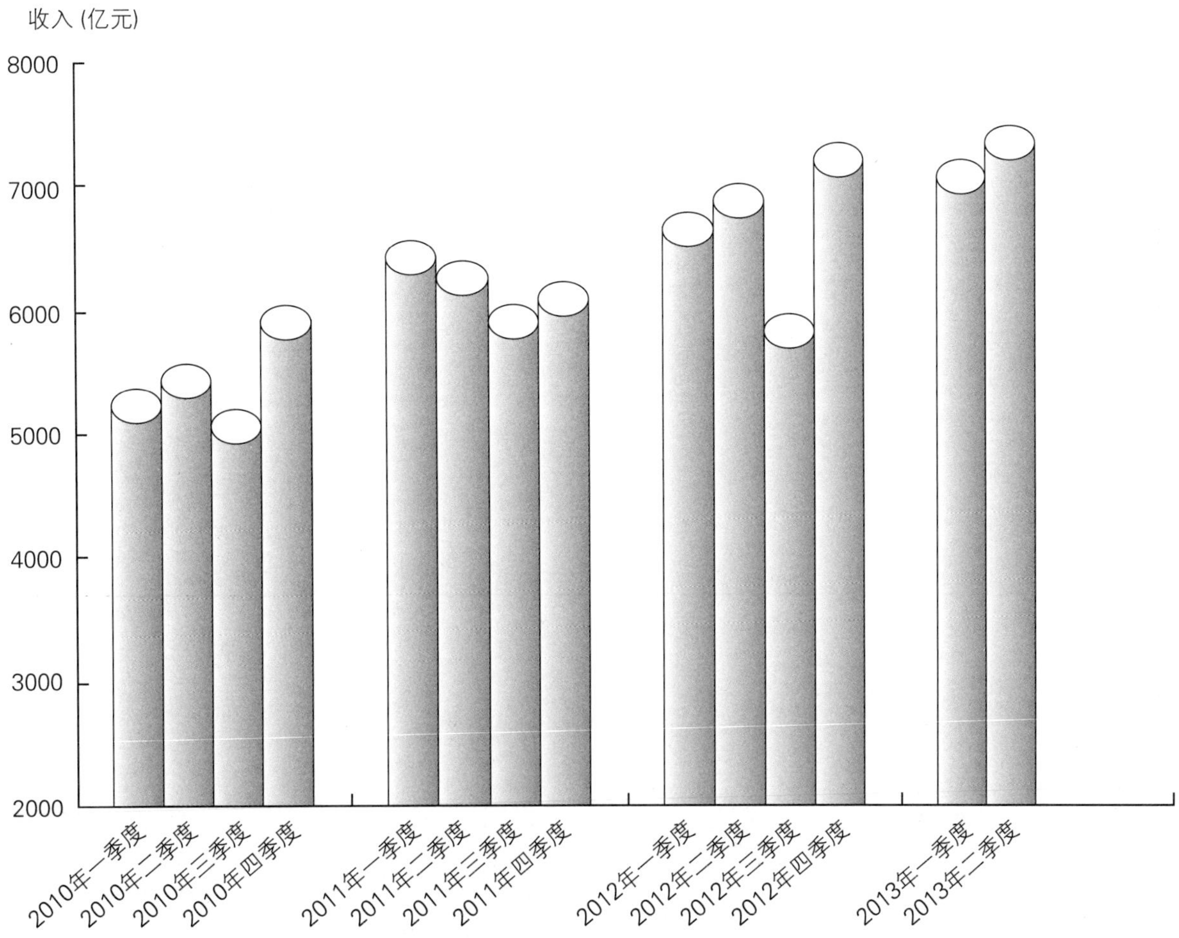

近年中央级、地方级税收收入增幅

Increase Rates of Tax Revenue Levels of the Central and Local Budgetary in Current Years

单位：%

年度 / 中央/地方	2012	2013
中央级	9.3	0.1
地方级	11.0	13.8

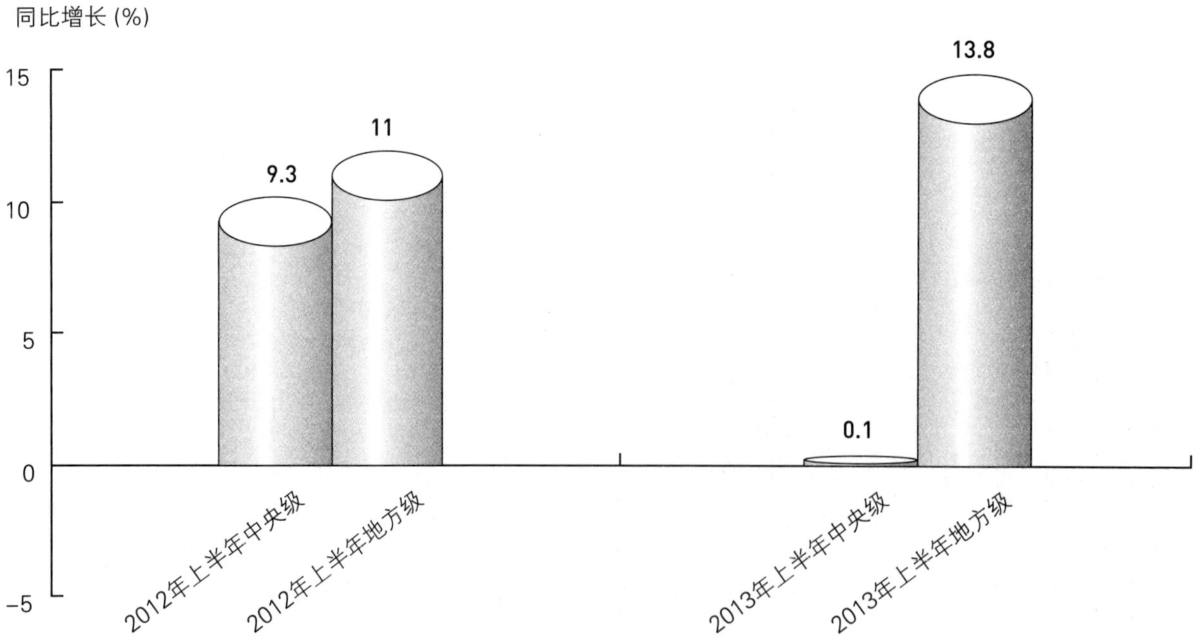

近年东、中、西部税收收入增幅

Increase Rate of Tax Revenue in Eastern, Central and Western Regions in Current Years

单位：%

地区 \ 年度	2012	2013
东部	8.3	4.6
中部	13.9	8.1
西部	13.4	7.8

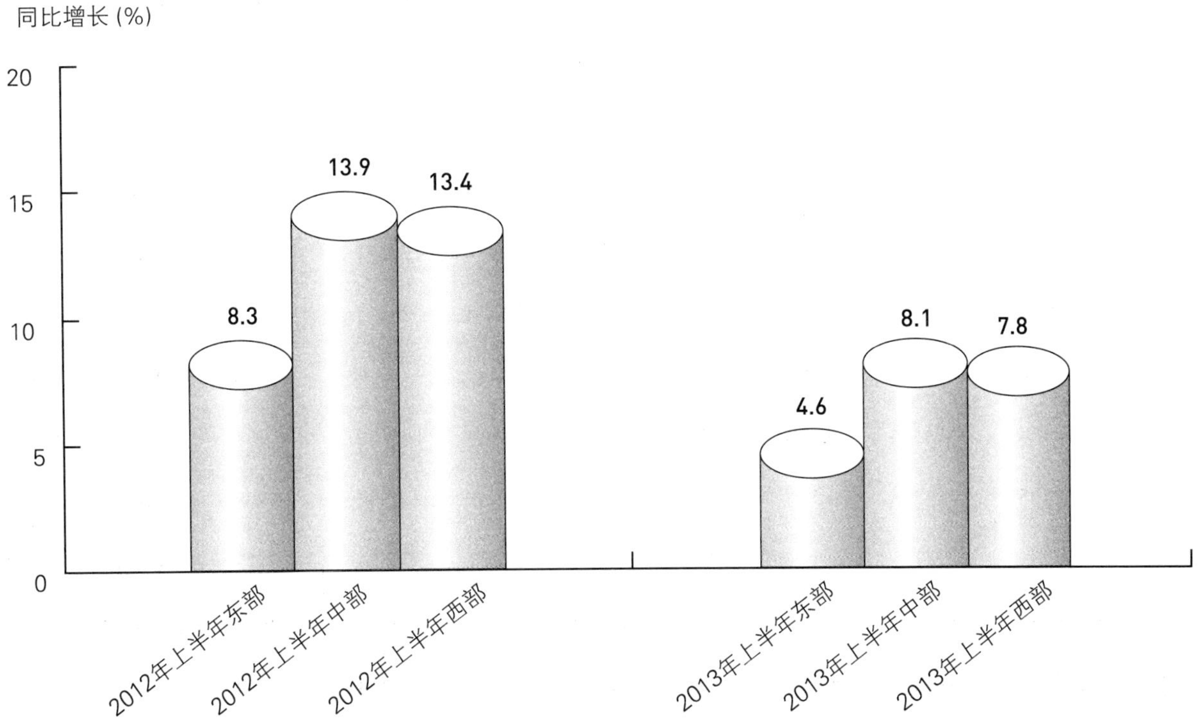

2013年上半年全国税务机关征收社会保险费收入情况统计表

Data of Social Security Charges Collected by the Taxation Department in the First Half of 2013

单位：万元

项目 地区	基本养老保险费			失业保险费	基本医疗保险费	工伤保险费	生育保险费	合计		
	收入额	比上年同期增减额	比上年同期增减比	收入额	收入额	收入额	收入额	收入额	比上年同期增减额	比上年同期增减比
河北	2398776	192438	8.72%	201266	—	—	—	2600042	217063	9.11%
内蒙古	1288301	155670	13.74%	93907	465921	41915	22614	1912658	260306	15.75%
辽宁	2990821	121343	4.23%	219595	617217	91881	20510	3940024	257404	6.99%
大连	736585	84492	12.96%	74034	264604	30813	19879	1125915	132853	13.38%
黑龙江	1868945	80150	4.48%	92295	97180	12921	10921	2082262	111292	5.65%
江苏	6191654	664206	12.02%	556820	2496572	234228	153235	9632509	1130362	13.30%
浙江	4264805	434390	11.34%	350775	1691612	180185	102317	6589694	833432	14.48%
宁波	748067	94255	14.42%	82597	394278	41364	21375	1287681	187579	17.05%
安徽	2226510	373666	20.17%	152641	741864	80448	35368	3236831	549529	20.45%
福建	988479	84703	9.37%	82621	619337	47955	32176	1770568	242865	15.90%
厦门	475578	61853	14.95%	53526	273594	16097	20541	839336	167443	24.92%
湖北	2933639	124557	4.43%	179030	919484	54474	36691	4123318	297483	7.78%
湖南	50505	8411	19.98%	—	—	—	—	50505	8411	19.98%
广东	5944589	363334	6.51%	366268	2411499	199453	126122	9047931	727244	8.74%
海南	427051	84233	24.57%	23044	185446	10633	9534	655708	120023	22.41%
重庆	1849373	297723	19.19%	89996	596232	74498	28624	2638723	380154	16.83%
云南	983330	104229	11.86%	98557	681871	50033	29021	1842812	238883	14.89%
陕西	1629386	514277	46.12%	120705	48668	17537	2303	1818599	544283	42.71%
甘肃	847142	19344	2.30%	60956	207295	21257	9704	1146354	66736	6.18%
青海	174585	6321	3.76%	13417	—	—	—	188002	7775	4.31%
宁夏	280800	13217	4.94%	24884	131900	12463	8270	458317	61011	15.36%
合计	39298921	3882812	11.10%	2936934	12844574	1218155	689205	56987789	6542131	12.97%

第22个全国税收宣传月启动

——税务总局举行税收宣传月启动和12366北京呼叫中心全国业务开通仪式

The Start of the 22nd National Tax Month—SAT
The opening Ceremony of procedures of The Tax Month and the Opening of the National Business Operation. To be held at 12366 Beijing Call Center

2013年4月1日上午，国家税务总局在北京举行第22个税收宣传月启动暨12366北京呼叫中心全国业务开通仪式。国家税务总局党组书记、局长王军出席活动，并与北京市委常委、常务副市长李士祥共同开通12366北京呼叫中心全国业务，以此拉开第22个全国税收宣传月帷幕。

王军在讲话中指出，习近平总书记在2013年2月中央政治局第四次集体学习时专门强调要做好法制宣传教育工作。李克强总理在近期召开的国务院第一次全体会议上明确提出要建设法治政府。要认真学习贯彻中央领导的重要指示精神，进一步深入开展以税收法制宣传教育为重要内容的税收宣传工作，为税收工作提供强大的精神动力和舆论支持。

王军指出，建设“12366纳税服务热线”，是实现税务部门与纳税人直接对话，为纳税人解疑释惑的有效途径，也是税务部门转变作风、改进服务的具体举措。目前，全国省级税务机关全部开通12366纳税服务热线，已经成为涉税咨询的重要平台、宣传政策的重要阵地、展示税务形象的重要窗口。即日开通的12366北京呼叫中心全国业务“立足北京、服务全国”，将把12366纳税服务热线建设和服务提高到一个新的水平。

王军强调，税收宣传和纳税服务联系密切、相辅相成。各级税务机关要统筹做好这两篇文章，既当好“宣传员”，又做好“服务员”，努力在宣传中体现服务，在服务中开展宣传，积极推动税收事业科学发展。王军说，如果把全年的每一天都当作税收宣传月的一天来宣传税收，把接听的每一个电话都当作一项重要税收宣传活动来认真对待，那么，税收宣传服务工作就一定能够做得更好。

王军就做好税收宣传和纳税服务提出四点希望和要求：

第一，要以营造税收改革与发展的良好社会舆论环境为目标。要求各级税务机关加大税制改革和政策调整的宣传力度，增强针对性、及时性和有效性，特别是要增强工作主动性。要做好政务公开，提高税收工作透明度。要畅通渠道，广泛听取纳税人意见和建议。要积极回应社会关切，对一些税收热点问题，要想办法答疑解难。还要加大税收工作重点亮点和先进典型的宣传推介力度，弘扬主旋律，集聚正能量，促进社会各界对税收工作的理解和支持。

第二，要坚持以纳税人和社会公众的涉税需求为导向。纳税人和社会公众的需求就是税务机关开展税收宣传、纳税服务的动力和任务。要按照始于纳税人需求、基于纳税人满意、终于纳税人遵从的要求，注重解决纳税人的实际问题和具体困难。要按照提高群众认识、增进公众理解、形成社会共识的要求，广泛宣传与群众生活联系密切的税收知识和政策规定。同时，要曝光涉税违法犯罪案例，引导纳税人正确履行法定的权利和义务。

第三，要将税收宣传和纳税服务同各项业务工作紧密地结合起来。税收宣传和纳税服务贯穿于税收工作的全过程，与各项业务工作紧密相连。各业务部门要坚持税收规范性文件必须解读的原则，不断提高政策解读的质量。在制定出台重要的税收政策和管理措施时，要进行必要的舆论评估和宣传安排。遇有政策误读或不实报道等引发涉税舆情事件时，要在第一时间积极应对。要建立专家咨询和网络宣传员团队，充分发挥业务骨干在宣传、服务工作中的作用。总局各司局要做政策解读宣传的有力支撑，只有一线的服务工作做好，把后台的服务工作也做好，12366热线才能越办越好，税收宣传才能越做越好。

第四，要坚持务实创新、与时俱进地开展税收宣传和纳税服务。各级税务机关要不断探索，推出宣传服务工作的新思路、新举措。在巩固传统阵地的同时，积极运用新媒体，大力拓展网络宣传服务阵地，创新宣传服务手段。要发挥系统优势，努力打造税收宣传服务的精品项目和社会品牌。要继续加强青少年税收宣传基地建设，深入开展税法普及活动，不断扩大税收宣传服务的覆盖面和影响力。

王军希望广大纳税人、特邀监察员和新闻媒体一如既往地关注、支持税收工作，希望各级税务机关持之以恒地抓好税收宣传和纳税服务工作，努力营造更加和谐的税收环境。

纳税人代表、中国移动通信集团北京有限公司财务部经理史学军，特邀监察员代表、全国政协委员、民建中央调研部部长蔡玲，12366北京呼叫中心工作人员代表董琨在仪式上发言。史学军在发言中说，12366纳税服务热线使纳税人可以全天候地了解国家税收政策，保证了纳税人依法缴纳税款，降低了纳税人税法遵从成本，拉近了纳税人与税务部门之间的距离。蔡玲建议税务部门在今后的工作中进一步加强制度建设和工作经验交流，大力推进税收宣传和纳税服务创新，为纳税人提供更加优质高效的服务。董琨表示，12366座席人员一定不辜负各级领导和纳税人的重托，不断提高自身业务能力，在今后的工作中，尽心尽力接好每一个电话，让纳税人能够更加方便快捷地了解税收政策，为税务机关提升纳税服务水平贡献自己的力量。

开通仪式由国家税务总局党组副书记、副局长解学智主持。税务总局领导丘小雄、宋兰、冯惠敏、汪康、范坚及各司局负责人，北京市国税局、地税局领导和相关处室负责人，12366北京呼叫中心工作人员参加了活动。

开通仪式结束后，王军局长走到12366北京呼叫中心工位，察看12366话务工作流程和实时监控系统，并坐在工作台前，亲自接听纳税人的咨询电话。有纳税人打进电话询问目前不在“营改增”试点范围内的纳税人，收到试点省市开具的服务业增值税专用发票，是否可以抵扣进项税额？王军根据有关政策规定给予了详细解答，并表示这项准予抵扣的政策是“营改增”改革对原增值税纳税人给予的支持，这样做可以使原增值税纳税人与试点企业一样，通过“营改增”改革减轻税负，同时有利于企业把自己的服务业务分离出来，为下一步企业发展和实施“营改增”创造更好的条件。

据了解，2009年国家税务总局明确提出要在完善省级12366纳税服务热线的基础上，按照“全国统一、两级集中、远程座席”的模式，建设国家级纳税服务热线。根据这一目标，2010年底，12366北京呼叫中心筹建工作启动，2011年10月8日开始试运行。经过一年半的运转，12366北京呼叫中心今天正式运行。作为国家级的纳税服务热线，12366北京呼叫中心正式运行后，将承担全国范围内通行的税收政策咨询解答、纳税服务投诉受理督办、税收违法违纪行为检举指引等职能。12366北京呼叫中心的正式运行，标志着全国一体化的热线服务网络初步形成。

“营改增”提速财税改革

——对话财政部部长楼继伟、国家税务总局局长王军

“The VAT Reform” Speeding Up the Finance and Tax Reform
—a Conversation with Lou Jiwei, Commissioner of the Ministry of Finance and Wang Jun, Commissioner of SAT

编者按：2013年4月10日召开的国务院常务会议决定，2013年将进一步扩大营业税改征增值税试点。新形势下“营改增”试点再扩围传递出哪些新信号？如何看待部分企业税负增加？如何深化财税体制改革？4月16日，新任财政部部长楼继伟、国家税务总局局长王军共同接受中央媒体采访，围绕改革热点话题一一解答。

从区域试点转向行业试点　打造“营改增”升级版

问：去年“营改增”试点是采取分地区逐步推进方式，今年为何一次性扩大到全国？

楼继伟：增值税自身特点决定了“营改增”改革最好一次性在全国、全部行业推开，那样税率设置比较简单，抵扣链条更完整。但一下子全推开风险很大，为稳妥起见先选择部分行业在部分地区试点。随着进一步扩大试点的条件成熟，应尽快把改革推向全国。下一步的改革模式应该不再是地区试点，而是分行业在全国推开，成熟一个行业推进一个行业。

问：此番“营改增”试点扩至全国，传递哪些新信号？

王军：一是去年按地区试点，今年按行业推开，标志着改革路径的优化；二是去年为“雁阵排列”，今年“一字推开”，表明改革方法的改变；三是去年仅在“1+6”行业试点，今年增加试点行业，这是打造“营改增”的“1+6升级版”；四是由探索试点向力推、稳健转变，这是改革力度的加强。改革既是积极的，又是稳妥的。

之所以选择8月1日将试点推向全国，主要是给未开展试点的22个省区留出充分的准备时间，这些省区集中在中西部，包括边疆和山区，改革是否会影响地方财政收入以及预算安排，都需要稳妥考虑。此外，没有把铁路运输和邮电通信业定于8月1日一起推，也是稳妥的体现，以便更充分地论证和完善改革方案。目前，我们正在配合财政部，会同有关部门对方案进行详细论证。

正抓紧准备铁路运输和邮电通信方案出台“能多快就多快”

问：为何要把铁路运输和邮电通信业纳入试点？将何时启动改革？

楼继伟：铁路运输和邮电通信业分支机构较多，系统复杂，不适合在部分地区先试点，所以试点推后。随着“1+6”行业试点在全国推开，

需要适时将两大行业纳入全国试点。

铁路是重要的运输方式，如果其他运输方式纳入“营改增”试点，可以进入抵扣链条，而铁路没纳入不能抵扣，对铁路不公平。改革不能去干扰市场的选择，而应该是优化，铁路运输影响较大，制造业依赖铁路，通信行业用户也很多，把两个行业及时纳入改革，抵扣链条会更加完整。财政部和税务总局正在为尽快出台方案做准备，能多快就多快，力争今年年底或明年初出台方案。

改革成效明显　112万户企业减负超550亿元

问：“营改增”试点一年多来基本情况及成效如何？

王军：总体看，试点运行平稳，好于预期，渐行渐好。截至今年2月底，试点企业已达112万户，平均每个试点省市每月大约增加5%的试点企业。说明改革的利好政策有吸引力，更多经营者愿参与到改革中来。

从税负变化看，到今年2月底，试点企业共减负550亿元以上，95%的企业实现减负或税负无变化，只有5%左右的企业税负有所增加。而所有小规模纳税人，包括众多个体户，都实现减税，减税幅度达40%。

从改革成效看，改革解决了重复征税问题，完善了税制；推动了经济结构调整，如上海市三产增加值占全市生产总值比重首次超过60%；助推了经济增长，据专家测算，“营改增”因素使上海市经济增长增加了0.6个百分点左右；促进了就业和物价稳定，专家测算上海去年一年因为“营改增”增加就业14万人；此外，“营改增”向国际社会发出了中国政府坚定改革、扩大消费的积极信号，有助于提升我国国际形象和地位。“营改增”让我们更坚信，改革是最大的红利，制度创新是红利的源泉。

全年可减税两三千亿元　增负面会逐步下降

问：如何看待有5%左右试点企业税负增加？

楼继伟：部分企业税负增加，很多与抵扣不足有关，扩大试点行业和地区后，这一问题会逐步解决，长期看企业是可以减负的。测算显示，今年8月1日起“1+6”行业试点扩至全国，预计全年减收规模为1200多亿元，全部推开“营改增”后全年预计可减税约两三千亿元。

王军：尽管少数交通运输企业税负有不同程度增加，但随着试点推进，税负增加情况正呈逐步下降乃至逐月下降态势。上海试点第一个月有11.5%左右的企业增负，此后逐月下降，到今年2月底税负增加企业占9.2%，这是很好的趋势。相信随着改革范围扩大，试点行业增加，企业税负增加面还会继续下降。此外，各省财政都对税负增加较多企业实行临时扶持政策，也会减轻增负企业压力。

任何一项公共政策的制定和实施都会造成原有的利益关系的改变和调整，税制改革尤其如此。关键是如何更多地积聚正能量，减少负能量，从这个角度看，改革达到了这个目标。

企业税负增加是阵痛，奠定好的发展基础是关键。改革之所以有好的效果，在于较好贯彻了党中央、国务院部署，始终坚持了“让利益相关方能最大限度共享改革成果”的改革理念，我们对改革进一步扩围、顺利实施和取得成效充满信心。

35项任务精细化分解　确保改革顺利推进

问：伴随“营改增”双扩围，改革将涉及更多地区和更多纳税人，复杂性更强，税务部门将如何确保改革的顺利实施？

王军：改革对各级税务部门来说是一项严峻挑战，我们将认真贯彻落实国务院决策，提高责任感、使命感，增强操作的精细化。税务总局已制定初步工作规划方案，从事前、事中和事后梳理出35项任务，层层分解，强化措施，确保把工作做细、做周密、做完备。

此外，各地税务部门还将提高服务意识和质量，最大限度减少“营改增”给相关企业纳税人带来的不必要负担。下一步将主要采取三项措施：

一是先行试点的9省市将对口支援22个即将推开的省区市；

二是加大防范和打击违法犯罪活动力度。由于分地区试点，有些地区改为增值税，有些地区仍是营业税，存在低征高扣空间。下半年将连同公安部、财政部一起开展专项打击虚开增值税发票和骗取劳务出口、服务产业出口税收专项活动，确保改革顺利推进；

三是要加强宣传，增强宣传主动性，及时性和准确性。

问：国际上增值税趋势是实行单一税率，我国现有四档税率，今后会不会考虑简并？

王军：我们注意到了这个情况，正在配合财政部积极研究这个问题。

问：一些个体户对纳入试点心存疑虑，担心原来地税局核定的纳税定额，转到国税局征管后会提高，请问会出现这种情况吗？

王军：“营改增”过程中所有小微企业基本都是减负的。小微企业中大部分是个体户，请广大个体户放心，在地税向国税交接过程中，核定征收的个体户税收一律不变，而且如果今年内规模没有明显增加的，核定征收额也一律不调整。

营业税是分税制留下的“尾巴”　“营改增”倒逼财税改革

问：为什么说“营改增”是推进财税体制改革的“重头戏”？下一步财税改革将如何深化？

楼继伟：我国实行以间接税为主的税制，增值税是一个重要税种。1994年分税制改革后增值税成了最大税种，但留了一个尾巴，就是营业税。营业税类似过去的产品税，存在重复征税，但当时服务业规模不是很大，而改革难度非常大，复杂性高，因此为解决主要矛盾和主要问题，保留了营业税。

此次“营改增”实际上是继增值税改革逐步完善后，进入收尾阶段的重要改革。增值税改革的逐步完善，先是从生产型的增值税向消费型增值税的转型，现在将征税范围扩大到营业税征税行业，随着行业的不断扩大，最终覆盖生产和服务的全部环节，重复征税的税制安排将成为历史，所以说“营改增”是财税改革的重要一步。

将来“营改增”覆盖全部地区全部行业后，必然会倒逼财政体制改革。目前我们正在研究如何深化财税体制改革。一是要积极稳妥推进“营改增”在全国范围全部行业推开；二是要认真研究如何构建地方税体系；三是进一步压缩合并专项转移支付，增加一般性转移支付，我们正在做，但会很艰难。

此外，如何调整中央和地方的收入分配关系和支出责任，是摆在财税部门面前的大题目。随着“营改增”的推进，要研究的问题很多，财税体制改革是今后的大任务，我们正在积极慎重地研究推进。

（本文内容来源：新华网http://www.xinhuanet.com）

齐心协力抓好四川雅安抗震救灾和灾后重建工作

Making Concerted Efforts to Combat Earthquake's and to Highly improve Post-disaster Relief and Reconstruction Work in Ya'an, province of Sichuan

2013年4月20日早上8时02分，四川雅安发生7.0级地震。地震发生后，国家税务总局党组书记、局长王军在第一时间致电四川省国税局、地税局主要负责同志，详细了解税务系统灾情，特别是税务干部职工生命和财产安全情况，向税务干部职工表示慰问。

王军要求四川省国税局、地税局认真贯彻中央领导指示和国务院部署，把抗震救灾作为当前中心工作，最大努力安置好受灾干部职工，确保干部职工生命和财产安全。立即成立工作组，有关负责同志带队赶赴灾区，组织抗震救灾，摸清受灾情况，积极开展施救，保持雅安和全省正常税收工作秩序。组织周边地区税务机关准备救灾物资驰援灾区。密切关注灾情，及时向税务总局报告情况。税务总局和全国税务系统将全力支持雅安抗震救灾工作。

4月26日，为支持地震灾区积极开展生产自救、尽快恢复正常的生产生活秩序，帮扶纳税人渡过暂时难关，国家税务总局专门就支持四川雅安地震灾后恢复重建有关税收征管问题发出紧急通知，就做好延期申报、延期缴纳税款、查补税款滞纳金的加收、欠税核销等工作提出明确要求。

根据通知精神，纳税人、扣缴义务人因地震灾害不能按期办理纳税申报或者报送代扣代缴、代收代缴税款报告表的，可向税务机关申请延期申报。纳税人、扣缴义务人因地震灾害不能按期缴纳应纳税款，申请延期缴纳的，省税务机关可以在一次最长不超过三个月的期限内予以核准。核准延期缴纳税款的期限届满，纳税人、扣缴义务人因灾情仍需延期缴纳该笔税款的，省税务机关可依法按次审批至2013年12月31日。延期期间，纳税人的应纳税款不加收滞纳金。对因地震灾害遭受损失的纳税人，在2013年4月20日以前被税务机关查处需要补缴税款的，其所涉及的滞纳金从税款滞纳之日起计算，自2013年4月20日起中止计算。滞纳金重新起算的时间，由原作出决定的税务机关根据纳税人的受灾情况和生产经营恢复情况确定。对于地震灾害中纳税人实际已不存在的，由税务机关根据县以上人民政府出具的证明，一次性办理核销。

国家税务总局要求各级税务机关要及时通过办税服务厅、网站、12366纳税服务热线、短信及电视、广播等多种渠道，将上述延期申报纳税等有关规定事项尽快告知纳税人，并做好相关咨询答复工作，提供各种服务便利，帮助纳税人尽快恢复生产、重建家园。

财政部　税务总局召开视频会议
部署扩大营业税改征增值税试点工作

Ministry of Finance and SAT Video Conference to Arrange the Development of the Piloting scheme for Replacing Business Tax with VAT

为落实国务院关于扩大“营改增”试点的精神，2013年4月28日，财政部、国家税务总局召开扩大营业税改征增值税试点工作视频会议，进一步统一认识和行动，安排部署2013年扩大“营改增”试点工作。财政部党组书记、部长楼继伟，国家税务总局党组书记、局长王军出席并讲话。

会议认为，“营改增”是推进我国财税体制改革的“重头戏”，有利于经济发展方式的转变，促进社会分工和协作，优化产业结构，推动经济升级，提高经济增长的质量和效益。在全球经济复杂多变的形势下，进一步扩大“营改增”试点，体现了我国政府改革开放的坚定信心。2012年“营改增”试点以来，运行平稳，成效显著，得到了社会各界的理解和支持，试点方案和工作机制已经成熟。为加快扩大试点步伐，进一步释放改革红利，国务院决定自2013年8月1日起将交通运输业和部分现代服务业营业税改征增值税试点扩大到全国，并择时扩大铁路运输和邮电通信行业试点。这是国务院在打造中国经济升级版的关键时刻，从深化改革的总体部署出发作出的重要决策，必须坚决贯彻落实。

会议指出，各地要准确把握“营改增”改革面临的新形势和扩大试点的总体要求，切实做好“营改增”各项工作。各地要采取有效措施，加强政府领导、密切部门协作、注重引导企业、提升社会共识、加强风险防范，保证试点工作的顺利进行。即将试点的地区，要倒排工期，做到政策制度、基础工作、技术保障、业务力量、应急预案“五个到位”，确保税制顺利转换。已经试点的地区要继续做好本地区试点工作，并加强调查研究和分析评估，为下一步深化改革献计献策。

会议强调，各地要建立健全政府主导、财税部门协作、相关部门支持配合的工作机制；财政和税务部门要加强对试点运行情况的分析评估；国税和地税部门要密切合作，做好工作衔接，建立试点纳税人认定的争议解决机制；国税部门要做好纳税服务和政策培训，引导企业准确把握税制改革带来的发展机遇，优化经营模式，提高内部管理水平，充分享受改革红利，提升企业竞争力；要梳理排查可能出现的各种风险，制定应急预案，坚决打击虚开发票、骗取退税和财政补贴的违法犯罪活动。

税务总局部署税务系统职能转变工作

SAT Organize the Function Conversion Work of Tax Institutions

为深入贯彻落实国务院第一次全体会议和机构职能转变动员电视电话会议精神，税务总局下发文件对税务系统职能转变工作作出部署。

税务总局要求，各级税务机关要坚持管放结合、优化服务、强化内控、稳中求进的原则，以深化税务行政审批制度为突破口，继续简政放权，着力推动管理理念、管理职能、管理方式和管理作风的转变，加快建设职能科学、结构优化、廉洁高效、人民满意的服务型税务机关。

税务总局明确了当前和今后一段时期税务系统职能转变六个方面的重点工作。

一是减少和下放税务行政审批项目。对国务院决定取消的税务行政审批项目，任何一级税务机关都不得截留。对税务总局下放管理的税务行政审批项目，有关税务机关要切实负起责任，做好承接、加强规范，把后续监管做到位。

二是减轻纳税人的办税负担和基层税务机关的工作负担。增强税收政策的透明度、纳税咨询的确定性和办税服务的便利性，避免税务检查的重复性，逐步取消所有税务行政性收费，清理和规范各种达标、评比、检查活动，优化和整合应用软件，着力为纳税人和基层税务机关减负。

三是减少职责交叉和分散。按照同一件事由一个部门负责的原则，理顺各级税务机关内部部门间职责关系，转变税收管理方式，根据职责调整情况合理配置人力资源，加强预算管理，进一步优化职能配置，提高行政效能。

四是提高服务大局能力。准确掌握纳税人各方面基本情况，为领导决策、指导工作、加强管理提供支持。加强税收分析、税收政策效应分析和税源监控分析，通过税收反映经济社会发展的苗头性趋势性问题。加大税务稽查力度，推进税收信用体系建设，营造公平竞争的发展环境。积极获取和提供第三方涉税信息，提高税收管理科学化水平。

五是加强依法行政。坚持用法治思维和法治方式履行职能，让行政权力在法律和制度的框架内运行。加强税务部门制度建设，坚持科学民主依法决策，严格规范税收执法行为，积极推进政务公开。

六是强化绩效管理。建立和完善绩效考评机制，深入开展绩效考评工作，奖优罚劣。推进依法行政综合绩效考核试点，加强考核结果运用。加强对绩效管理的监督检查，实施问责制。

税务总局将加强对下级税务机关职能转变工作的指导，并主动征求下级税务机关对税务总局做好职能转变工作的合理化建议，上下联动，齐心聚力，共同提升职能转变工作水平。

此前，税务总局办公厅印发了《国家税务总局职能转变工作方案》，明确了税务总局职能转变的指导思想、基本原则和主要任务，并要求局内各单位按照职责分工，分解任务，责任到人，确保各项工作措施逐一落实到位，以实实在在的改革成效取信于民，树立税务总局良好形象。

税务总局党组学习传达中央党的群众路线教育实践活动工作会议精神

The Leading Party Group of SAT Convey the Spirit of Central Government's Work Conference on the Party's Mass Line Education and Practice Activities

2013年6月20日上午，国家税务总局党组书记、局长王军主持召开党组扩大会议，传达学习中央召开的党的群众路线教育实践活动工作会议精神，部署总局机关和税务系统群众路线教育实践活动。

会议认为，在全党开展党的群众路线教育实践活动，是党中央在新形势下坚持从严治党、党要管党的重要决策，是加强学习型政党建设的重要部署，具有重大而深远的意义。习近平总书记的重要讲话深刻阐释了党的群众路线教育实践活动的深远意义，指明了开展教育实践活动的指导思想与目标要求，具有很强的指导性和针对性，是我们党在新时期坚持群众路线的重要遵循，是新形势下做好群众工作的科学指南。税务部门是执法部门和窗口单位，直接面对广大纳税人，教育实践活动开展得好坏关系到服务人民群众的成效，关系到党和政府的形象。要把开展教育实践活动作为当前税务系统的一项重要政治任务抓紧抓好。王军局长对开展好总局机关和税务系统群众路线教育实践活动提出四点要求。

一是提高思想认识。各级税务机关党组和广大党员干部要认真学习，深刻领会，切实把思想和行动统一到中央的决策部署上来，统一到习近平总书记的讲话精神上来，扎实开展好教育实践活动。

二是坚持行动自觉。要自觉把开展好教育实践活动作为总局机关和税务系统当前一项重要政治任务；自觉按照中央部署，联系总局机关和税务系统实际开展好教育实践活动，增强针对性；自觉对准焦距、找准穴位、抓住要害，“照镜子、正衣冠、洗洗澡、治治病”；自觉在把规定动作做实做到位的同时，切实加以创新；自觉注重整改和建章立制，并持之以恒抓好制度执行。

三是加强组织领导。税务总局机关和国税系统要按照中央的要求，领导小组和工作机构要尽快开展好工作。各单位“一把手”是教育实践活动的第一责任人，要切实负起责任。领导干部要把自己摆进来，为全体干部作出表率。在征求各方面意见的基础上，抓紧制定活动实施方案。加强对省国税局的指导，确保实践活动扎实推进。

四是做到统筹兼顾。要把开展活动同做好各项税收工作紧密结合起来，统筹推进。要把教育实践活动成效体现到依靠打击违法、堵塞漏洞、科技管理增收，圆满完成今年税收收入任务上来；体现到转变职能，更好为广大纳税人和基层税务人服务上来；体现到营改增扩大试点和其他税制改革顺利推进，不断释放制度红利上来；体现到税务干部综合素质不断增强，税务形象不断改善上来，实现两促进、两提高。

税务总局集中调研转变作风

SAT Concentrate on the Survey of Working Style Transfer's

为贯彻落实党的群众路线教育实践活动工作会议精神，切实开展好党的群众路线教育实践活动，税务总局从2013年6月中旬开始，用1个月左右的时间，由每位局领导分头带队开展集中调研活动。

此次集中调研的内容具体包括：一是听取基层对总局开展群众路线教育实践活动的意见和建议。在教育实践活动正式启动前加强调研，听取税务系统和地方党委、政府、有关部门及税务干部、广大纳税人对搞好教育实践活动的意见和建议，在广泛征求意见基础上谋划好实施方案。二是研究税务系统职能作风转变情况。结合落实取消3项税务行政审批项目，进一步研究切实减轻纳税人办税负担和基层税务机关工作负担的措施。三是督促“营改增”扩大试点顺利推进。对各地税务机关要完成的60多项工作任务，对照要求调研督办，确保8月1日扩大试点顺利实施。四是调研今年税收收入情况。深入了解各地今年上半年税收收入情况，分析下半年税收经济形势，督导各地做好组织收入工作，依靠打击违法增收、堵塞漏洞增收和科技管理增收，确保全年收入任务圆满完成。

国家税务总局党组书记、局长王军要求集中调研听意见、转变作风、干实事，着力推进重点税收工作、服务经济社会发展，为深入开展总局机关党的群众路线教育实践活动打下坚实基础。

明确享受资源综合利用增值税优惠政策的纳税人执行污染物排放标准有关问题

To Justify the Pollutant Emission Standards for Taxpayers Eligible for VAT Preferential Policies for the Comprehensive Utilization of Resources

2013年4月1日，财政部、国家税务总局发出《关于享受资源综合利用增值税优惠政策的纳税人执行污染物排放标准有关问题的通知》（财税〔2013〕23号），自2013年4月1日起执行。

一、政策出台背景

近期部分地区国税局请示文件，反映根据《财政部 国家税务总局关于调整完善资源综合利用产品及劳务增值税政策的通知》（财税〔2011〕115号）第五条第（一）项规定，对销售以蔗渣为原料生产的蔗渣浆、蔗渣刨花板以及各类纸制品实行增值税即征即退50%的政策；第九条第（三）款规定，申请享受资源综合利用产品增值税优惠政策的纳税人，应符合以下条件：生产过程中如果排放污水的，其污水已接入污水处理设施，且生产排放达到《城镇污水处理厂污染物排放标准》（GB18918-2002）。但据了解，绝大部分蔗渣造纸企业不执行或难以达到《城镇污水处理厂污染物排放标准》（GB18918-2002），只执行《制浆造纸工业污染物排放标准》（GB3544-2008），导致增值税退税优惠政策难以落实。

另有部分国税机关反映，根据《财政部 国家税务总局关于资源综合利用及其他产品增值税政策的通知》（财税〔2008〕156号）第二条有关规定，对污水处理劳务免征增值税。污水处理是指将污水加工处理后符合GB18918-2002（即《城镇污水处理厂污染物排放标准》）有关规定的水质标准的业务。基层税务机关在执行上述政策的过程中发现，除《城镇污水处理厂污染物排放标准》（GB18918-2002）外，国家环境保护部门和国家质量监督检验检疫部门还发布了《电镀污染物排放标准》（GB21900-2008）和《污水综合排放标准》（GB8978-1996）。建议总局对从事污水处理业务且污水排放符合GB21900-2008或GB8978-1996的纳税人可否比照财税〔2008〕156号文件的有关规定，对其污水处理劳务免征增值税问题予以明确。

二、政策调整的主要内容

收到上述情况反映后，税务总局就污染物排放标准的执行问题征求了环境保护部意见。根据环境保护部的复函，税务总局会同财政部在《关于享受资源综合利用增值税优惠政策的纳税人执行污染物排放标准有关问题的通知》（财税〔2013〕23号）中对相关政策做出如下调整：

第一，对按照现行规定享受资源综合利用产品及劳务增值税退税、免税政策的纳税人，如果其污染物排放标准已达到污染物排放地环境保护部门根据纳税人排放污染物的类型确定的应予执行的国家或地方污染物排放标准要求，即可享受相关税收优惠政策。

第二，纳税人在办理退税、免税事宜时，应同时提交污染物排放地环境保护部门确定的该纳税人应予执行的污染物排放标准，以及污染物排放地环境保护部门出具的该纳税人的污染物排放符合上述标准的证明材料。

第三，对未达到上述污染物排放标准的纳税人，自发生违规排放行为之日起，取消其享受资源综合利用产品及劳务增值税退税、免税政策的资格，且三年内不得再次申请。纳税人自发生违规排放行为之日起已申请并办理退税、免税的，应予追缴。

第四，将财税〔2008〕156号文件第二条对“污水处理劳务”的解释调整为：将污水（包括城镇污水和工业废水）处理后达到《城镇污水处理厂污染物排放标准》（GB18918-2002），或达到相应的国家或地方水污染物排放标准中的直接排放限值的业务。

三、政策调整的意义

该项政策调整对提高资源综合利用增值税优惠政策的实施效果，促进环境保护和循环经济发展，加快资源节约型、环境友好型社会建设有较大的现实意义。

出台在全国开展交通运输业和部分现代服务业营业税改征增值税试点有关税收政策

To Release Policies Concerning the Launch of the Pilot shemes to replace Business Tax with VAT for Transportation and important Modern Service Industry on a Nationwide Basis

2013年5月24日，财政部、国家税务总局发出《关于在全国开展交通运输业和部分现代服务业营业税改征增值税试点税收政策的通知》（财税〔2013〕37号，以下简称《通知》），对于在全国开展交通运输业和部分现代服务业营业税改征增值税试点有关税收政策进行了明确。

一、政策出台背景

根据4月10日国务院常务会议作出的自8月1日起在全国范围开展交通运输业和部分现代服务业营业税改征增值税（以下简称“营改增”）试点的决定，税务总局会同财政部出台了《通知》，明确了在全国范围开展交通运输和部分现代服务业“营改增”试点的相关政策。《通知》对现行试点政策进行了整合、调整，以4个附件的形式 发布。

二、政策调整的主要内容

《通知》整合、调整的主要内容有：

1. 为了便于征纳双方了解和执行政策，对现行文件进行整合。自2012年11月以来，税务总局和财政部先后以财税文号发布了9个政策文件，其中一个被后文作废，目前共有8个有效文件。由于试点政策散布在多个文件中，增加了征纳双方执行的难度。为便于征纳双方理解和执行，《通知》将现有6个文件中的政策进行了整合，形成了4个附件。对于另外2个现行的关于总分机构缴纳增值税的政策文件，由于是在2012年底和2013年初发布的，政策效果还需要更长时间观察，政策内容暂毋须调整，政策适用的企业范围正在征求各地财税部门的意见，还需要一段时间才能补充明确，因此暂未整合到《通知》中。

2. 为了规范税制，取消了部分过渡政策。由于之前“营改增”采取的是地区试点的方式，为了避免试点地区和非试点地区政策差异对试点纳税人正常经营造成不利影响，试点时延续了部分营业税差额征税和按运输费用结算单据等计算进项税抵扣的政策。“营改增”试点推向全国后，境内提供应税服务的纳税人将适用统一的增值税政策，上述过渡政策已无必要。据此，《通知》对现行政策进行了以下调整：

第一，取消了部分差额征税政策。“营改增”在全国范围推开后，为解决同一行业纳税人之间业务分包重复征税问题的差额征税政策已由增值税抵扣机制予以替代，因此，《通知》取消了纳税人提供交通运输服务、仓储服务、广告代理服务、国际货物运输代理的差额征税政策。由于融资租赁服务的差额征税政策允许抵扣出租方支付的利息，而目前金融业尚未纳入“营改增”范围，如取消融资租赁服务的差额征税政策，将会导致其税负大幅增加，因此，《通知》保留了融资租赁服务的差额征税政策。

第二，取消了按运输费用结算单据等计算进项税的政策。考虑到按运输费用结算单据等计算进项税的方式，实质上是一种虚拟抵扣政策，在执行中也存在较大的漏洞，而且，交通运输业在全国实施“营改增”后，提供交通运输服务的纳税人均可开具增值税专用发票，无需延续上述虚拟抵扣政策。因此，《通知》取消了试点纳税人和原增值税纳税人，按交通运输费用结算单据注明金额和7%扣除率计算进项税的政策；取消了试点纳税人接受试点小规模纳税人提供交通运输服务，按增值税专用发票注明金额和7%扣除率计算进项税的政策。

第三，取消了允许未与我国达成双边运输免税安排国家和地区的单位和个人暂按3%征收率代扣代缴增值税的政策。当时出台暂按3%征收率代扣代缴增值税的政策，是为了平衡试点地区增值税和非试点地区营业税之间的政策力度，交通运输业“营改增”试点在全国推行后，各地政策已经统一，因此，上述单位和个人应按提供应税服务的适用税率代扣代缴增值税。

3. 根据试点反映的情况，对部分政策进行修改完善。试点中部分地区和纳税人反映，因政策规定纳税人不得抵扣自用应征消费税的摩托车、汽车、游艇的进项税，导致纳税人税负不合理增加。这一政策最初是考虑到纳税人购买的摩托车、汽车、游艇在实际中难以区分员工个人使用和企业生产经营使用，为了防止税收漏洞而出台的。根据相关规定，即使将上述交通工具纳入抵扣范围，也仅限于生产经营用的部分，因此，在制度上并无漏洞，关键是需要税务机关加强管理。为了使税制更加合理，并减轻纳税人负担，《通知》取消了不允许试点纳税人和原增值税纳税人抵扣其自用应征消费税摩托车、汽车、游艇进项税的政策。

此外，试点纳税人对外提供服务时可能存在出口服务既适用增值税免税又适用增值税零税率的情况，为了明确纳税人的权利，避免税企争议，《通知》增加了优先适用零税率的规定。

4. 对部分文字表述进行修改。交通运输业和部分现代服务业试点推向全国后，其他行业将采取全行业试点的方式推开，届时将没有试点地区和非试点地区的区别，因此，《通知》删除了此前政策中有关非试点地区、试点地区的表述。

5. 明确了广播影视服务的具体内容。为了落实将广播影视作品的制作、播映、发行等纳入试点的要求，会同新闻出版广电总局等部门经过多次讨论，在部分现代服务业中增加了“广播影视服务”子目，并对其具体范围作了注释。

三、政策出台的意义

实行“营改增”是推进财税体制改革的“重头戏”。进一步扩大“营改增”试点并逐步在全国推行，有利于解决因局部地区试点导致的政策差异和税收征管风险等问题。通过在全国范围内推行“营改增”，可进一步激发企业活力，形成新的增长点，不断扩大就业，增加居民收入，促进经济持续健康发展。

明确金融机构销售贵金属增值税有关问题

To validate various VAT Issues concerning the Selling of Precious Metal by Financial Institutions

2013年3月15日，国家税务总局发布《关于金融机构销售贵金属增值税有关问题的公告》（国家税务总局公告2013年第13号，以下简称《公告》），自2014年1月1日起施行。

一、《公告》出台背景

《国家税务总局关于金融机构开展个人实物黄金交易业务增值税有关问题的通知》（国税发〔2005〕178号）规定，金融机构从事个人实物黄金交易业务，实行金融机构地市级分行、支行按照规定预征率预缴增值税，由省级分行和直属一级分行统一清算缴纳的办法。同时规定，金融机构销售实物黄金，应当向购买方开具增值税普通发票。

随着金融机构经营业务的多元化，目前金融机构除开展个人实物黄金业务外，经行业主管部门允许，还对外销售银、铂金等贵重金属；除向个人销售黄金、白银等贵金属外，还开展金、银等贵金属的批发业务。

仅对黄金销售业务实行统一清算缴纳的办法，造成同一企业经营不同产品适用不同的征税方式，给企业核算带来困难；不能使用增值税专用发票，限制了金融机构贵金属批发业务的开展。因此，部分地区税务局报来请示，请求对金融机构销售银、铂金等贵重金属的征收管理问题以及开具增值税专用发票问题进行明确。

二、如何理解《公告》内容？

为适应新的业务模式，便于金融机构核算管理，方便纳税，本公告明确，金融机构从事经其行业主管部门允许的贵金属交易业务，可比照销售个人实物黄金，实行统一清算缴纳的办法；已认定为增值税一般纳税人的金融机构，可根据《增值税专用发票使用规定》及相关规定领购、使用增值税专用发票。

三、如何确定金融机构从事的是“经其行业主管部门允许的贵金属交易业务”？

为便于纳税人办理和基层税务机关执行，公告明确规定，经其行业主管部门允许，是指金融机构能够提供行业主管部门批准其从事贵金属交易业务的批复文件，或向行业主管部门报备的备案文件，或行业主管部门未限制其经营贵金属业务的有关证明文件，如行业经营许可证等。

《中华人民共和国政府和丹麦王国政府对所得避免双重征税和防止偷漏税的协定》及议定书生效执行

"Agreement between the Government of the People's Republic of China and the Government of the Kingdom of Denmark for the Avoidance of Double Taxation and the Prevention for Fiscal Evasion with respect to Taxes on Income," and its Protocol Effecteness and Enforcement

2013年4月9日，国家税务总局发布2013年第14号公告，明确《中华人民共和国政府和丹麦王国政府对所得避免双重征税和防止偷漏税的协定》及议定书已于2012年12月27日生效，并适用于2013年1月1日或以后取得的所得。

一、本协定适用于哪些税种？

在中国，本协定适用于个人所得税和企业所得税；在丹麦，本协定适用于国家所得税和地方所得税。此外，本协定也适用于本协定签订之日后征收的属于新增加的或者代替现行税种的相同或者实质相似的税收。

二、建筑工程和咨询劳务等活动如何认定构成常设机构？

根据本协定第五条第三款，对于建筑工地，建筑、装配或安装工程，或者与其有关的监督管理活动，如该工地、工程或活动连续超过十二个月，则构成常设机构；对于为勘探或开采自然资源而使用的装置、钻机或船只，如其使用期超过十二个月，则构成常设机构；对于缔约国一方企业通过雇员或雇用的其他人员在缔约国另一方提供劳务，包括咨询劳务，如果为同一项目或相关联的项目而开展的活动在有关纳税年度开始或结束的任何12个月中连续或累计超过183天，则构成常设机构。

三、本协定对国际运输所得有何特殊规定？

根据本协定第八条，国际运输业务的附属性活动所得，特别包括以光租形式出租船舶或飞机取得的利润，以及使用、保存或出租用于运输货物或商品的集装箱取得的利润，属于国际运输所得。

四、对缔约对方居民从本国取得的股息、利息和特许权使用费的预提税限制税率是多少？

根据本协定第十条，如果缔约对方居民为股息受益所有人，在其为公司（合伙企业除外），并直接拥有支付股息的公司至少25%资本的情况下，其预提税限制税率为5%；在其他情况下，限制税率为10%。

根据本协定第十一条，如果缔约对方居民为利息受益所有人，则利息的限制税率为10%。

根据本协定第十二条，如果缔约对方居民为特许权使用费受益所有人，则特许权使用费的限制税率为10%。但如果特许权使用费属于第三款第（二）项，则应对特许权使用费总额进行调整，调整后的数额为特许权使用费总额的70%。

五、本协定执行后，国内法关于反避税的规定如何适用？

根据本协定第二十三条，在与本协定不冲突的情况下，国内法关于反避税的规定仍可适用。

六、本协定的议定书是否与协定具有同样的法律效力？

议定书也是协定的组成部分，与协定正文具有同样的法律效力。

七、我国哪些机构在丹麦取得的利息可享受免税的待遇？

根据议定书第二条，我国以下机构在丹麦取得的利息可享受免税待遇：中国人民银行、国家开发银行、中国农业发展银行、中国进出口银行、全国社会保障基金理事会、中国出口信用保险公司、中国投资有限责任公司，以及缔约双方主管当局随时可能同意的、中国政府全资拥有的任何金融机构。

明确纳税人投资政府土地改造项目有关营业税问题

To validate various Business Tax Issues concerning Taxpayers' Investment in Government-oriented Land Renovation Projects

2013年4月15日，国家税务总局发布《关于纳税人投资政府土地改造项目有关营业税问题的公告》（国家税务总局公告2013年第15号，以下简称《公告》），自2013年5月1日起施行。

一、《公告》出台的背景

部分地区反映，一些纳税人（以下称投资方）与地方政府合作，投资政府土地改造项目，土地拆迁、安置及补偿工作由政府指定其他纳税人进行，投资方负责按计划支付土地整理所需资金，同时，与规划设计单位和施工单位签订劳务合同，协助政府完成土地规划设计、场地平整、地块周边绿化等工作，并直接向规划设计单位和施工单位支付设计费和工程款，当该地块符合国家土地出让条件时，地方政府将该地块进行挂牌出让，实现的收益或亏损均由投资方自行承担。对于上述行为如何征收营业税，请税务总局予以明确。

二、如何理解《公告》的规定？

投资方向政府土地改造项目投入资金并承担项目风险和损益的行为，属于投资行为，按照现行营业税政策规定，投资行为不属于营业税征税范围，不征收营业税，因此，投资方取得的投资收益不应征收营业税。投资方在协助政府完成土地规划设计、场地平整、地块周边绿化整治等工作的过程中，与规划设计单位、施工单位签订劳务合同并直接支付设计费和工程款，并未提供规划设计劳务和建筑业劳务，对规划设计单位和施工单位取得的设计费和施工费应照章征收营业税。

发布国家税务总局定点联系企业名册管理办法

To Release Administrative Measures on the Directory of Enterprises Appointed as Liaison Enterprises by SAT

2013年4月22日，为加强国家税务总局定点联系企业名册（以下简称企业名册）管理，根据《中华人民共和国税收征收管理法》及其实施细则、《国家税务总局关于印发〈国家税务总局大企业税收服务和管理规程（试行）〉的通知》（国税发〔2011〕71号）等有关规定，税务总局在充分调查研究的基础上，制定了《国家税务总局定点联系企业名册管理办法》（以下简称《办法》），并发布公告。

一、为什么要出台《办法》？

国家税务总局定点联系企业（以下简称总局定点联系企业）的突出特点是企业规模巨大、内部层级众多、关联交易频繁。因此，加强总局定点联系企业名册管理，特别是掌握其内部管理层级和资产关联关系，将有助于税务机关明确管理范围、理清管理重点，同时也有助于企业防范因关联关系产生的税务风险，提升纳税遵从水平。2011年，税务总局印发了《国家税务总局关于印发〈国家税务总局大企业税收服务和管理规程（试行）〉的通知》（国税发〔2011〕71号，以下简称《规程》）。《规程》第五章第五十四条明确提出了“税务总局按照实际控制的原则确定企业集团的组织结构关系，并据此形成企业集团及其成员企业名册”的要求。

根据上述要求，税务总局通过选取总局定点联系企业、采集企业名册数据、共享企业名册信息，已初步建立起总局定点联系企业树型管理体系。但是，由于前期探索中认识不够统一、机制不够健全、流程不够规范等原因，运行管理的一些问题亟待解决。

在这种背景下，通过制定《办法》，进一步明确工作任务、规范工作流程、理顺内外关系，对于提升名册管理水平、完善总局定点联系企业树型管理体系、促进企业纳税遵从，具有非常重要的现实意义。

二、如何把握《办法》的基本框架和主要内容？

《办法》共十六条，分为总则、工作模式、工作职责、工作流程和附则五部分。具体来说：

第一章，总则（共五条）。对立法依据、适用范围、调整对象等内容进行了规定。解决了《办法》中一般性和总括性的重要问题。

第二章，工作模式（共四条）。对总局定点联系企业名册管理的工作模式进行了规定。突出了税企双方沟通与协作的重要性。

第三章，工作职责（共三条）。对总局定点联系企业名册管理相关主体的工作职责进行了规定。规范了税企双方的权利和义务关系。

第四章，工作流程（共两条）。对总局定点联系企业名册管理的工作流程进行了规定。明确了代码准备、名册采集、任务分发、名册核实、结果上报、名册反馈和工作总结七个阶段的工作任务和时间要求。

第五章，附则（共两条）。对《办法》的未尽事项、实施时间等内容进行了规定。

三、总局定点联系企业名册的报送内容包括哪些？

总局定点联系企业名册的报送内容包括企业

集团总部及其成员企业的税务登记、资格认定、关联关系以及组织架构等涉税信息。税务总局可以根据税收管理工作需要，对报送内容进行规范和完善。具体报送内容详见税务总局每年通过信息化平台下发的企业名册信息表。

四、总局定点联系企业的成员企业范围包括哪些?

根据《国家税务总局办公厅关于建立税务总局定点联系企业名册管理工作有关问题的函》（国税办函〔2010〕863号）的相关规定，《办法》指出总局定点联系企业的成员企业范围应当以合并报表的口径和工商注册规范的组织形式为参考建立统一标准。内资企业为纳入企业合并报表范围且进行税务登记的境内各级分公司和子公司，以及境外控股公司；外资企业为全球总部控股并在中国境内进行税务登记的各级分公司和子公司；其他特殊情况的涉税组织机构。

五、省、地市税务机关定点联系（或列名）企业是否适用《办法》？

由于《办法》旨在规范总局定点联系企业名册管理工作，因此，省、地市税务机关定点联系（或列名）企业不适用本《办法》。《办法》第十五条提出，各省、自治区、直辖市和计划单列市国家税务局、地方税务局可参照本办法，制定省、地市税务机关定点联系（或列名）企业名册管理办法。

明确非居民企业派遣人员在中国境内提供劳务征收企业所得税有关问题

To validate Certain Issues Related to Corporate Income Tax (CIT) Collection on Services Provided by Non-resident Companies to Chinese Companies through Staff Second amendments

2013年4月19日，国家税务总局发布《非居民企业派遣人员提供劳务征收企业所得税有关问题的公告》（国家税务总局公告2013年第19号，以下简称《公告》），明确非居民企业派遣人员提供劳务构成机构、场所履行企业所得税纳税义务等问题，自2013年6月1日起施行。

一、《公告》发文背景

自2008年1月1日实施新企业所得税法以来，各地税务机关国际税务部门对于非居民企业所得税管理加大了力度，政策掌握和执行也逐渐规范化。近年来，部分基层税务机关反映，非居民企业向境内企业，主要是其关联企业，派遣人员担任境内企业高管或其他技术职务，并由境内企业向该境外企业支付派遣人员的工资、薪金，以及管理费等费用，在此情形下，非居民企业是否构成在中国境内设立机构、场所难以把握，由于此类外派模式较普遍存在于外国企业在中国投资的企业中，而企业所得税法、实施条例及相关文件对此仅有原则性的规定，基层税务机关、纳税人和税务代理机构普遍希望税务总局发文予以明确，在税务总局网站在线纳税咨询问答中，也有不少纳税人提出这一问题。

为从技术上解决这一反映比较集中的问题，体现税法执行的公正性和确定性，并使管理规则具备可操作性，税务总局就相关问题，如提供劳务的派遣模式、费用支付模式开展了广泛的调研，并对形成的初稿征求税务机关、纳税人和税务代理机构的意见，吸收了他们的合理意见和建议。

非居民企业派遣人员提供劳务税收问题的复杂性，在于被派遣人员与境内企业和境外派遣企业之间的管理、责任和款项支付性质等关系难以厘清，特别对于派遣人员在境内担任高管等公司职务的情形下认定更加困难。从整体而言，此类行为涉及企业所得税、营业税和个人所得税的问题；从企业所得税角度来说，税收协定缔约国对方居民（中国的非居民）是否负有纳税义务，除需要判定其是否构成机构、场所外，还应判定是否构成常设机构。为提高文件的针对性和可操作性，本《公告》主要从企业所得税法和税收协定角度明确构成机构、场所和常设机构的判定标准、参考因素和相关管理程序，其他税种或涉及税收协定的问题仍遵循相关法规规定或应另发文明确。

二、《公告》主要解决的问题

判定非居民企业派遣人员在境内提供劳务纳税义务的难点在于确定外派人员的工作性质，由于通常情况下，外派人员受非居民企业派遣，与非居民企业的雇佣关系并不解除，在派遣期间主要在境内企业从事管理、技术等方面的工作，因此，在派遣期间外派人员是作为非居民企业雇员为非居民企业提供劳务，还是属于境内企业雇员为境内企业提供劳务，税企双方存在较大争议，如果属于前者，则非居民企业构成在境内设立机构场所。因此，确定外派人员是否属于非居民企业的雇员并为非居民企业服务的具体标准是解决这一问题的关键，为此，文件从对工作结果承担责任和风险、工作考核评估等方面规定了判定要素。

此外，如何将派遣行为纳入非居民登记申报程序，如何与税务总局关于非居民承包工程和提供劳务的相关规定（见国家税务总局令第19号），以及关于非居民企业所得税核定、对外支付开具税务证明规定相衔接，也是《公告》解决的主要问题。

三、《公告》的主要内容

首先，对于非居民企业派遣人员在境内提供劳务从两个角度明确了构成机构、场所的判定要素，一是根据被派遣企业人员的工作结果责任和风险由谁承担，来判定派遣人员所从事的工作性质与派遣企业还是与境内企业有实质联系；这是基本判定因素，与构成常设机构的判定具有原则和逻辑上的一致性，二是列举五个方面的参考因素，主要从费用支付相关的情况，考察派遣企业是否通过收取费用取得来源于中国所得，以支持第一层次的判断。这五个方面的因素，大部分属于并列的情形，也就是说，一般而言，只要符合其中之一，加上前面的定性条件，就可以判定构成机构、场所和常设机构。值得注意的是，如果被派遣人员的工资、薪金已经全额在中国缴纳个人所得税，即使派遣企业负担其中的全部或部分费用，由于不存在派遣企业负担工资、薪金或通过派遣行为取得所得的情况，因此规定此种情形不作为判断构成机构、场所的因素。

其次，《公告》规定派遣行为应该纳入正常的税收管理规范，根据企业所得税法和国家税务总局令第19号文件相关规定进行登记申报和资料报送，并要求据实申报，或在不能如实申报的情况下核定征税。

此外，《公告》对于税务机关审核派遣行为性质的内容、方法提出了具体指引。外派人员提供劳务行为涉及涉税信息的采集以及国地税之间的协调配合，以确定与企业所得税相关的个人所得税、营业税等问题，因此，文件从纳税人提供资料以及国地税的配合等方面提出了要求。

四、理解和执行《公告》应注意的问题

（一）有关构成常设机构问题。在派遣企业属于与中国有税收协定的协定国或地区居民的情况下，如果被判定为在中国境内构成机构、场所，并需要享受协定待遇的，需要根据税收协定执行规定的有关内容和程序，包括根据协定条款具体判定常设机构是否构成，以及进行相应的备案。构成机构场所但未构成常设机构的，其取得的归属于机构场所的所得在中国不负有纳税义务。由于此《公告》主要针对的派遣人员在境内担任固定职务的时间通常超过6个月，因此，判断属于此种特殊情形的，必须在严格区分机构场所和常设机构概念的基础上，提出相关的理由和资料，证明其虽构成机构场所但不构成常设机构，在本《公告》界定的外派劳务的模式下，此种构成机构、场所但不构成常设机构的情形属于例外情形。

（二）《公告》对派遣行为涉及的对外支付，非居民企业、支付人和税务机关都应该严格遵照税务总局下发的对外支付出具税务证明的相关规定执行。主管税务机关在境内机构和个人提交对外支付申请表并填写完整、所附资料齐全的，应当场为其出具税务证明，不得以相关纳税义务难以判断等为理由，拖延或阻碍正常的对外支付行为。

（三）涉及《公告》施行前发生的事项，如果未作税务处理的，包括有相关款项未对外支付，或未申报纳税等情形下的，应当根据本《公告》的规定，重新进行判定，符合条件的，应相应进行登记、申报纳税及相关税务管理。

明确中澳税收协定适用于澳大利亚新增税种

To validate the Newly-added Australian Taxes Applicable to the Agreement between China and Australia

2013年4月26日，国家税务总局发布《关于中澳税收协定适用于澳大利亚新增税种的公告》（国家税务总局公告2013年第20号），明确将中澳税收协定适用于澳大利亚新增的矿产资源租赁税，自2013年6月1日起施行。

一、澳大利亚引入矿产资源租赁税的法律依据是什么？

矿产资源租赁税是澳大利亚依据《2012年矿产资源租赁税法案》引入的，该法案于2012年7月1日生效。

二、矿产资源租赁税的征税对象是什么？

矿产资源租赁税以铁矿石项目和煤矿项目取得的利润为征税对象，针对所开采资源的价值在上游业务和下游业务之间的“估值点”进行征税，而不对下游活动所增加的价值征税。

三、矿产资源租赁税的税基和税率如何？

矿产资源租赁税的征收以项目为基础，在纳税年度结束时，按照每个项目单独计算纳税人应纳的矿产资源租赁税。如果采矿利润大于矿产资源租赁税补贴，多出的部分就要缴纳矿产资源租赁税。纳税人将每个项目多出的部分加总，以计算所要缴纳的矿产资源租赁税总额。

扣除各项抵消后，如果纳税人的税负大于零，则该部分需要纳税。矿产资源租赁税税率为22.5%（30%的名义税率减去7.5%的开采因数，开采因数是考虑到开采资源并将其提升到“估值点”所需要的专业技能而设置的）。

四、我国居民在澳大利亚缴纳的矿产资源租赁税能否进行抵免？

矿产资源租赁税性质与中澳税收协定税种范围条款澳方所列的石油资源租赁税实质相同，根据双方主管当局达成的协议，包括在中澳税收协定的税种范围内。因此，我国居民在澳大利亚缴纳的矿产资源租赁税与石油资源租赁税一样，可以按照中澳税收协定第二十三条的规定进行抵免。

发布个人所得税申报表

To Release the Individual Income Tax (IIT) Return Forms

2013年4月27日，为进一步优化纳税服务，明晰纳税人的权利与义务，加强个人所得税分类专业化管理，国家税务总局出台《关于发布个人所得税申报表的公告》（国家税务总局公告2013年第21号），对个人所得税申报表进行了重新修订，自2013年8月1日起执行。

具体修订内容有三：一是进一步规范全员全额扣缴明细申报制度，完善基础申报信息，统一数据口径标准，特别新增2张个人所得税基础信息表，一张是适用于扣缴义务人扣缴明细申报用的《个人所得税基础信息表（A表）》，一张是适用于纳税人自行纳税申报用的《个人所得税基础信息表（B表）》。二是整合简并相似或同类项目申报表，简化申报内容，有效减轻扣缴义务人和纳税人负担。如将现行生产经营类的6张申报表简并为3张表；将现行5张扣缴申报类的申报表整合简并为3张表。三是规范数据口径，引导并鼓励信息技术的使用。如通过统一申报数据标准，方便纳税人通过电子方式申报、税务机关加强数据信息利用。

修订后，个人所得税申报表将简化至12张（见附录《修订后个人所得税申报表简表》）。除《个人所得税纳税申报表（适用于年所得12万元以上的纳税人申报）》、《限售股转让所得扣缴个人所得税报告表》、《限售股转让所得个人所得税清算申报表》3张表沿用原有式样未作变动外，其他申报表均有变化。其中，基础信息类2张，扣缴申报类3张，自行申报类7张（包括个人纳税人自行申报表4张，生产经营纳税人自行申报表3张）。

基础信息登记类申报表

新增《个人所得税基础信息表（A表）》的设计，基于现行个人所得税以代扣代缴为主要征收方式，个人基础信息的获取主要依托扣缴义务人。该表作为目前主要的个人基础信息采集来源渠道，一方面既要采集自然人纳税人的必要涉税信息，还要兼顾扣缴义务人的申报工作量。因此，采集的信息数量较少。

而《个人所得税基础信息表（B表）》作为自行纳税申报纳税人自主申报的信息，将作为《个人所得税基础信息表（A表）》的有效补充，不仅为计税提供依据，也为下一步税收管理（如联系纳税人、直接寄送完税证明等）提供了方便。

扣缴申报类申报表

修订的扣缴申报类申报表共有2张。一张是适用于扣缴义务人办理全员全额扣缴个人所得税申报的《扣缴个人所得税报告表》；一张是适用于特定行业职工工资、薪金所得个人所得税年度申报的《特定行业个人所得税年度申报表》。

自行申报类申报表

修订的自行申报类申报表共5张。其中2张是自然人纳税人适用的，3张是生产经营纳税人适用的。

当自然人纳税人取得两处及两处以上工资薪金所得，或者取得所得没有扣缴义务人的，或者其他情形，须办理自行纳税申报时，填报《个人所得税自行纳税申报表（A表）》。当自然人纳税人从境外取得所得，须办理自行纳税申报时，填报《个人所得税自行纳税申报表（B表）》。

对个体工商户业主、企事业单位承包承租经营者、个人独资企业投资者、合伙企业合伙人取得生产、经营所得的，按查账征收办理预缴纳税申报，或者按核定税收申报时，填报《生产、经营所得个人所得税申报表（A表）》；按查账征收办理年度纳税申报时，填报《生产、经营所得个人所得税申报表（B表）》。如果投资者兴办两个或两个以上投资单位，年度终了须汇总纳税申报时，填报《生产、经营所得投资者个人所得税年度汇总纳税申报表》。

保留不变的申报表

考虑到扣缴义务人和纳税人的适应性及申报表的使用性，此次申报表修订对《限售股转让所得扣缴个人所得税报告表》、《限售股转让所得个人所得税清算申报表》和《个人所得税纳税申报表（适用于年所得12万元以上的纳税人申报）》予以保留不变。

附录：

修订后个人所得税申报表使用简表

序号	类别	申报表名称	适用范围	申报期限	申报类型
1	新增	个人所得税基础信息表（A表）	适用于扣缴义务人办理全员全额扣缴申报的纳税人的基础信息填报。	次月15日内	基础信息登记类
2	新增	个人所得税基础信息表（B表）	适用于个人所得税自行纳税申报纳税人基础信息的填报。	随自行申报表随送	
3	修订	扣缴个人所得税报告表	适用于扣缴义务人办理全员全额扣缴个人所得税的申报。包括特定行业职工工资、薪金所得个人所得税的月份申报。	次月15日内	扣缴申报类
4	修订	特定行业个人所得税年度申报表	适用于特定行业职工工资、薪金所得个人所得税的年度申报。	年度终了之日起30日内	
5	保留不变	限售股转让所得扣缴个人所得税报告表	适用于证券机构预扣预缴，或者直接代扣代缴限售股转让所得个人所得税的申报。	次月15日内	

（续表）

序号	类别	申报表名称	适用范围	申报期限	申报类型
6	修订	个人所得税自行纳税申报表（A表）	适用于“从中国境内两处或者两处以上取得工资、薪金所得的”、“取得应纳税所得，没有扣缴义务人的”，以及“国务院规定的其他情形”的纳税人的纳税申报。	次月15日内	自然人纳税人自行纳税申报类
7	修订	个人所得税纳税申报表（B表）	适用于“从中国境外取得所得的”的纳税人的纳税申报。	年度终了后30日内	
8	保留不变	个人所得税纳税申报表（适用于年所得12万元以上的纳税人申报）	（适用于年所得12万元以上的纳税人申报）	年度终了后3个月内	
9	保留不变	限售股转让所得个人所得税清算申报表	适用于纳税人取得限售股转让所得已预扣预缴个人所得税款的清算申报。	税款被代扣并解缴的次月1日起3个月内	
10	修订	生产、经营所得个人所得税纳税申报表（A表）	适用于查账征收个人所得税的个体工商户、企事业单位的承包承租经营者、个人独资企业投资人和合伙企业合伙人的预缴纳税申报，以及实行核定征收的纳税申报。	承包承租所得：每月或每次所得后的15日内；其他：次月15日内	生产、经营纳税人自行纳税申报类
11	修订	生产、经营所得个人所得税纳税申报表（B表）	适用于查账征收的个体工商户、承包承租经营者、个人独资企业投资者和合伙企业合伙人的个人所得税年度汇算清缴。	承包承租所得分不同情况：年度终了后30日或年度终了三个月内；其他：年度终了后三个月内	
12	修订	生产、经营所得投资者个人所得税年度汇总纳税申报表	适用于投资者兴办两个或两个以上个体工商户、承包承租企事业单位、个人独资企业、合伙企业，且各投资单位均实行查账征收，其取得的生产经营所得的年度汇总纳税申报。	年度终了后三个月内	

明确营业税改征增值税总分机构试点纳税人增值税纳税申报有关事项

To Justify Several Issues Regarding VAT Filing by Pilot Taxpayers of Enterprises within the Headquarters and Branches under the VAT Pilot Reform

2013年5月7日，为配合《国家税务总局关于发布〈营业税改征增值税试点期间航空运输企业增值税征收管理暂行办法〉的公告》（2013年第7号）的实施，解决总分机构纳税申报有关问题，国家税务总局发布了《关于营业税改征增值税总分机构试点纳税人增值税纳税申报有关事项的公告》（国家税务总局公告2013年第22号），自2013年6月1日起施行。

一、制定的背景和目的

为解决营业税改征增值税（以下简称营改增）试点期间总分机构试点纳税人缴纳增值税问题，财政部、国家税务总局相继印发《总分机构试点纳税人增值税计算缴纳暂行办法》（财税〔2012〕84号）、《关于部分航空公司执行总分机构试点纳税人增值税计算缴纳暂行办法的通知》（财税〔2013〕9号）、《营业税改征增值税试点期间航空运输企业增值税征收管理暂行办法》（国家税务总局公告2013年第7号），就总分机构试点纳税人汇总缴纳增值税作出制度安排。但在纳税申报环节，尚缺乏相关统一规定，各地在预征、汇总申报的执行中，申报表填写口径不一致，数据统计不准确，有必要予以统一和规范。

二、适用范围

本公告适用于经财政部和国家税务总局批准，按照《总分机构试点纳税人增值税计算缴纳暂行办法》（财税〔2012〕84号）规定，计算缴纳增值税的总机构试点纳税人（以下简称总机构）及其试点地区分支机构。

三、主要内容

总机构申报事项。一是总机构按规定汇总计算的总机构及其分支机构应征增值税销售额、销项税额、进项税额，填报在《增值税纳税申报表（适用于增值税一般纳税人）》（以下简称申报表主表）及其附列资料对应栏次。二是按规定可以从总机构汇总计算的增值税应纳税额中抵减的分支机构已纳增值税税额、营业税税额，总机构汇总后填报在申报表主表第28栏“分次预缴税款”中。当期不足抵减部分，可结转下期继续抵减，即：当期分支机构已纳增值税税额、营业税税额大于总机构汇总计算的增值税应纳税额时，在第28栏“分次预缴税款”中只填报可抵减部分。三是总机构应设立相应台账，记录税款抵减情况备查。

试点地区分支机构申报事项。一是试点地区分支机构将按预征率计算缴纳增值税的销售额填报在申报表主表第5栏“按简易征收办法征税销售额”中，按预征率计算的增值税应纳税额填报在申报表主表第21栏“简易征收办法计算的应纳税额”中。二是《增值税纳税申报表附列资料（一）》（附件）“简易计税方法征税”栏目中增设“预征率　%”栏，用于试点地区分支机构预征增值税销售额、应纳税额的填报。三是试点地区分支机构销售货物和提供加工修理修配劳务，按增值税暂行条例及相关规定就地申报缴纳增值税的销售额、销项税额，按原有关规定填报在申报表主表及附列资料对应栏次。四是试点地区分支机构抄报税、认证等事项仍按现规定执行。当期进项税额正常填报在申报表主表及附列资料对应栏次，其中由总机构汇总的进项税额，须在《增值税纳税申报表附列资料（二）》第17栏“简易计税方法征税项目用”中填报转出。

明确个人投资者收购企业股权后将原盈余积累转增股本个人所得税问题

To validate various Issues regarding Individual Income Tax (IIT) Treatments Related to Conversion of Reserves or Undistributed Profits into Share Capital after the Completion of an Equity Acquisition by Individual Investor(s)

2013年5月7日，国家税务总局印发了《关于个人投资者收购企业股权后将原盈余积累转增股本个人所得税问题的公告》（国家税务总局公告2013年第23号，以下简称《公告》），明确个人投资者收购企业股权后，将企业原账面金额中的“资本公积、盈余公积、未分配利润”等盈余积累转增股本的个人所得税问题。

一、《公告》出台背景

某省几十个自然人股东以股权收购方式溢价收购某企业100%股权后，将该企业原账面金额中的“资本公积、盈余公积、未分配利润”等盈余积累转增股本。原股东在股权转让之前未转增股本，而在股权交易时将“资本公积、盈余公积、未分配利润”等一并计入股权转让价格，并缴纳了所得税。对该企业以盈余积累转增个人股本行为是否征收个人所得税问题，现行税收政策规定不够明确。

该案例中，考虑到上述转增股本的企业原账面金额中的盈余积累是由原股东创造并拥有，原股东在转让股权过程中没有事先转增股本，而是将其一并计入了股权交易价格中，新自然人股东为此已经支付了对价，如对其此次转增股本征税则存在重复征税问题，有违税负公平原则。此外，为支持企业正常重组行为，考虑到企业股权转让过程中，盈余积累与股权转让所得存在相互转化的可能性，税收政策方面，对于原股东转让股权前事先利润分配与新股东事后利润分配应尽量保证税负平衡，不应由于原股东事先利润分配与新股东事后分配而产生较大税负差异。

二、《公告》主要内容

该案例具有一定普遍性，为明确税收政策并扩大政策适用面，维护纳税人合法权益，税务总局研究制定了本公告。具体内容如下：

一名或多名个人投资者以股权收购方式取得被收购企业100%股权，企业被收购之前，该企业原股东未将原有“资本公积、盈余公积、未分配利润”等盈余积累转增股本（注册资本、实收资本等），而在股权交易时将其一并计入股权转让价格，股权转让方（原股东）已经履行了所得税纳税义务。股权收购完成后，企业将原账面金额中的盈余积累转增股本。鉴于转增股本的盈余积累已全部或部分计入个人投资者（新股东）股权收购价格中，为避免重复征税，对新股东取得的已计入个人投资者股权收购价格中的盈余积累转增股本的部分，原则上不宜征收个人所得税。

实践中区分两种情形处理：一是新股东以不低于净资产价格收购股权的，企业原盈余积累已全部计入股权交易价格，新股东取得盈余积累转增股本的部分，不征收个人所得税。二是新股东以低于净资产价格收购股权的，企业原盈余积累中，对于股权收购价格减去原股本的差额部分已经计入股权交易价格，新股东取得盈余积累转增股本的部分，不征收个人所得税；对于股权收购价格低于原所有者权益的差额部分未计入股权交易价格，新股东取得盈余积累转增股本的部分，应按照“利息、股息、红利所得”项目征收个人所得税。对于新股东以低于净资产价格收购企业股权后转增股本按照下列顺序进行，即：先转增应税的盈余积累部分，然后再转增免税的盈余积累部分。

新股东将所持股权转让时，其财产原值为其收购企业股权实际支付的对价及相关税费。

案例：甲企业原账面资产总额8000万元，负债3000万元，所有者权益5000万元，其中：实收资本（股本）1000万元，资本公积、盈余公积、未分配利润等盈余积累合计4000万元。假定多名自然人投资者（新股东）向甲企业原股东购买该企业100%股权，股权收购价4500万元，新股东收购企业后，甲企业将资本公积、盈余公积、未分配利润等盈余积累4000万元向新股东转增实收资本。

案例分析：在新股东4500万元股权收购价格中，除了实收资本1000万元外，实际上相当于以3500万元购买了原股东4000万元的盈余积累，即：4000万元盈余积累中，有3500万元计入了股权交易价格，剩余500万元未计入股权交易价格。甲企业向新股东转增实收资本时，其中所转增的3500万元不征收个人所得税，所转增的500万元应按“利息、股息、红利所得”项目缴纳个人所得税。

本公告自发布后30日起施行。此前尚未处理的涉税事项可以按本公告执行。

发布委托代征管理办法

To Release the Administrative Measures for Tax Collection by Authorized Units or Individuals on behalf of Tax Authorities

2013年5月10日，国家税务总局出台《关于发布〈委托代征管理办法〉的公告》（国家税务总局公告2013年第24号），明确了委托代征税款的相关问题，自2013年7月1日起施行。

一、什么是委托代征

委托代征是指税务机关根据《中华人民共和国税收征收管理法实施细则》关于有利于税收控管和方便纳税的要求，按照双方自愿、简便征收、强化管理、依法委托的原则和国家有关规定，委托有关单位和人员代征零星分散和异地缴纳的税收的行为。

二、委托代征的范围

委托代征范围由税务机关根据《中华人民共和国税收征收管理法实施细则》关于加强税收控管、方便纳税的规定，结合当地税源管理的实际情况确定。

税务机关不得将法律、行政法规确定的代扣代缴、代收代缴税收，委托他人代征。

三、代征人应具备的资格条件

代征人应具备以下资格条件：一是要求代征人应与纳税人有管理、经济业务往来、地缘等关系。二是要求代征人为单位的，应具有固定的工作场所、规范的内部管理制度、健全的财务制度、熟悉税收法律法规的工作人员等便于委托代征的条件；代征人为个人的，应遵纪守法，并具备与完成代征税款工作要求相适应的税收业务知识和操作技能。

四、委托代征资格公告的内容

1. 税务机关和代征人的名称、联系电话，代征人为行政、事业、企业单位及其他社会组织的，应包括法定代表人或负责人姓名和地址；代征人为自然人的，应包括姓名、户口所在地、现居住地址。

2. 委托代征的范围和期限。

3. 委托代征的税种及附加、计税依据及税率。

4. 税务机关确定的其他需要公告的信息。

五、委托代征工作中税务机关的职责

1. 审查代征人资格，确定、登记代征人的相关信息。

2. 填制、发放、收回、缴销《委托代征证书》。

3. 确定委托代征的具体范围、税种及附加、计税依据、税率等。

4. 核定和调整代征人代征的个体工商户定额，并通知纳税人和代征人执行。

5. 定期核查代征人的管户信息，了解代征户籍变化情况。

6. 采集委托代征的征收信息、纳税人欠税信息、税收票证管理情况等信息。

7. 辅导和培训代征人。

8. 按有关规定确定代征手续费比率，办理手续费支付手续。

9. 督促代征人按时解缴代征税款，并对代征情况进行定期检查。

10. 其他管理职责。

六、委托代征工作中代征人的职责

1. 根据税务机关确定的代征范围、核定税额或计税依据、税率代征税款，并按规定及时解缴入库。

2. 按照税务机关有关规定领取、保管、开具、结报缴销税收票证、发票，确保税收票证和发票安全。

3. 代征税款时，向纳税人开具税收票证。

4. 建立代征税款账簿，逐户登记代征税种税目、税款金额及税款所属期等内容。

5. 在税务机关确定的税款解缴期内向税务机关报送《代征代扣税款结报单》，和其受托代征税款的纳税人当期已纳税、逾期未纳税、管户变化等相关情况。

6. 对拒绝代征人依法代征税款的纳税人，自其拒绝之时起24小时内报告税务机关。

7. 在代征税款工作中获知纳税人商业秘密和个人隐私的，应当依法为纳税人保密。

明确苏州工业园区有限合伙制创业投资企业法人合伙人企业所得税政策试点有关征收管理问题

To validate Important Tax Collection and Administration Issues related to the Pilot Corporate Income Tax (CIT) Policies for Legal Partners of Limited Partnership Venture Capital Companies in Suzhou Industrial Park

为进一步促进创业投资企业的发展，根据国务院有关文件精神，财政部、国家税务总局下发了《关于苏州工业园区有限合伙制创业投资企业法人合伙人企业所得税试点政策的通知》（财税〔2012〕67号）。为贯彻落实上述文件，做好政策试点工作，2013年5月24日，税务总局颁布了《国家税务总局关于苏州工业园区有限合伙制创业投资企业法人合伙人企业所得税政策试点有关征收管理问题的公告》（国家税务总局公告2013年第25号，以下简称《公告》），自2012年1月1日起施行。

一、《公告》第一条明确了财税〔2012〕67号文件中法人合伙人的范畴。财税〔2008〕159号文件规定："合伙企业以每一个合伙人为纳税义务人。合伙企业合伙人是自然人的，缴纳个人所得税；合伙人是法人和其他组织的，缴纳企业所得税"。此条款表明，只有依法应缴纳企业所得税的法人和其他组织才能享受试点政策，因此，在公告第一条中明确了财税〔2012〕67号文件中的法人合伙人为依照《中华人民共和国企业所得税法》的规定缴纳企业所得税的法人居民企业。同时，根据国税函〔2009〕377号文件的规定，限定了法人合伙人的企业所得税征收方式为查账征收。

二、《公告》明确了财税〔2012〕67号文件的适用范围。在苏州工业园区设立的有限合伙制创业投资企业采取股权投资方式投资于未上市中小高新技术企业，在试点期间内满2年（24个月）的，其法人合伙人可以享受该试点政策。这样规定主要是基于财税〔2012〕67号文件关于该试点政策有效期的明确规定。

三、《公告》第三条明确了法人合伙人投资于多家苏州工业园区有限合伙制创业投资企业，可以合并计算可抵扣的投资额和分得的应纳税所得额。这是考虑到法人合伙人可能会投资多家符合条件的创业投资企业，创业投资企业的分配可能会有所差别，有些会有应纳税所得额的分配，有些则没有，因创业投资企业的投资活动本身具有一定的风险，有些项目可能永远没有回报。如果限定其可抵扣的投资额仅能抵减从其对应投资的创业投资企业分得的应纳税所得额，则会造成法人合伙人的可抵扣投资额无法完全得到抵减，从而削弱财税〔2012〕67号文件的政策效应。《公告》中同时明确了对于当年抵扣有结余的，应按税法规定缴纳企业所得税。

四、《公告》第四条明确了在苏州工业园区实施的有限合伙制创业投资企业法人合伙人企业所得税政策试点过程中，仍应依据财税〔2008〕159号文件解决创业投资企业应纳税所得额的确定及合理分配问题。新企业所得税法实施以来，有关合伙制所得税问题的纲领性文件主要是财税〔2008〕159号文件，该文件确立了"先分后税"的基本原则，也规定了合伙企业应纳税所得额的计算及分配原则，为此，目前暂以此文件作为试点政策的配套征收管理工作的依据。

五、《公告》第五条明确了试点政策中创

业投资企业所在地主管税务机关的监管责任。创业投资企业需按年向苏州工业园区税务机关办理年度纳税申报。对于符合优惠条件的，须按照文件要求附报相关备案资料以及创业投资企业的验资报告，以便苏州工业园区主管税务机关进行审核。国税发〔2009〕87号文件明确的创业投资抵扣优惠备案资料以及创业投资企业的验资报告都将有利于主管税务机关对《有限合伙制创业投资企业法人合伙人应纳税所得额抵扣情况明细表》的审核。之所以设定3个月的申报期限，主要考虑一方面与一般合伙企业的个人所得税申报时间保持一致，另一方面也保证了法人合伙人在5月31日前进行年度企业所得税汇缴申报时，能够及时提供有关纳税申报资料。

六、《公告》第六条明确了苏州工业园区创业投资企业的法人合伙人申请优惠备案的手续。由于有限合伙制创业投资企业的经营所得和其他所得采取“先分后税”的原则，且创业投资企业主管税务机关与创业投资企业的法人合伙人的主管税务机关有可能不一致，为便于法人合伙人主管税务机关加强监管，因此要求法人合伙人在投资创业投资企业时就需要按照主管税务机关的要求办理相关备案手续，并特别要求报送经苏州工业园区主管税务机关进行审核后的《有限合伙制创业投资企业应纳税所得额抵扣情况明细表》，这一方面是现行所得税优惠管理的要求，另一方面也有利于法人合伙人主管税务机关及时获得抵扣信息的详细资料，兑现优惠政策。同时，为避免法人合伙人所在地主管税务机关对可抵扣信息产生疑义，文件明确了可向苏州工业园区税务机关网站查询，同时要求苏州工业园区税务机关应及时回复有关函询。

七、《公告》第七条要求各地及时反馈政策试点情况。由于财税〔2012〕67号文件是对有限合伙制创业投资企业所得税政策的试点政策，因此在执行过程中可能会遇到各类问题。苏州工业园区作为此次政策试点地区，需要做好政策效应评估工作，并及时向国家税务总局反馈执行中发现的问题，各地税务机关对试点政策执行过程中发现的问题，也应及时向税务总局反馈，共同推动做好政策试点工作，从而有利于试点政策未来在全国的推广。

八、《公告》第八条明确了本公告的生效时间。由于国务院批准的政策试点期限为2012年1月1日至2013年12月31日，因此，本公告的生效时间追溯至2012年1月1日。

明确电网企业电网新建项目享受所得税优惠政策问题

To validate Important Corporate Income Tax (CIT) Preferential Treatments for New Grid Construction Projects of Power Grid Enterprises

2013年5月24日，国家税务总局发布《关于电网企业电网新建项目享受所得税优惠政策问题的公告》（国家税务总局公告2013年第26号，以下简称《公告》），自2013年1月1日起施行。

一、《公告》出台背景

根据《中华人民共和国企业所得税法》及其实施条例和《公共基础设施项目企业所得税优惠目录》（2008版）（以下简称目录）的相关规

定，符合规定条件和标准的电网（输变电设施）新建项目可享受“三免三减半”的企业所得税优惠政策。但依照企业所得税法实施条例第一百零二条的规定，企业同时从事适用不同企业所得税待遇项目的，其优惠项目应当单独计算所得，并合理分摊企业的期间费用；没有单独计算的，不得享受企业所得税优惠。据此，电网企业对于新增符合优惠条件的投资项目的所得应进行单独计算，并合理分摊企业的期间费用，否则不能享受优惠。

就电网企业的新增电网投资项目而言，新建跨区跨省交直流输变电项目一般有独立的输电价格，可核算收入和成本，但如要做到单独核算该项目的所得，应需找到该项目分摊期间费用的合理方法；而农村电网等项目由于受电网网络特点和电价体制的限制，没有独立的输配电价格，难以单独计量每个项目的输送电量，因此，无法计算单个项目的收入。

基于上述情况和特点，电网企业新增项目的“三免三减半”优惠政策2008年以来一直没有得到很好落实。为妥善解决电网企业新增符合优惠条件投资项目享受所得税优惠问题，应电网企业的申请并征求相关省级税务机关的意见，出台了该公告。

二、《公告》的主要内容

（一）对相关计算方法作出了规定

基于电网企业电网新建项目的核算特点，规定暂以资产比例法，即企业新增输变电固定资产原值占企业总输变电固定资产原值的比例，来计算电网新建项目的应纳税所得额，并据此享受“三免三减半”的企业所得税优惠政策。针对符合优惠条件投资项目的不同情况分别规定了计算方法：

1. 对于企业能独立核算收入的330kV以上跨省及长度超过200km的交流输变电新建项目和500kV以上直流输变电新建项目，应在项目投运后，按该项目营业收入、营业成本等单独计算其应纳税所得额；该项目应分摊的期间费用，可按照企业期间费用与分摊比例计算确定，计算公式见公告正文。

2. 对于企业符合优惠条件但不能独立核算收入的其他新建输变电项目，可先依照企业所得税法及相关规定计算出企业的应纳税所得额，再按照项目投运后的新增输变电固定资产原值占企业总输变电固定资产原值的比例，计算得出该新建项目减免的应纳税所得额。享受减免的应纳税所得额计算公式见公告正文。

（二）对优惠项目的管理和备案作出了规定

鉴于电网企业新建项目数量较多，为简化税企双方日常逐一备案的繁琐手续，公告规定享受有关企业所得税优惠的电网企业，应对其符合税法规定的电网新增输变电资产按年建立台账，并将相关资产的竣工决算报告和相关项目政府核准文件的复印件于次年3月31日前报当地主管税务机关备案即可。

（三）对公告的执行日期及以前事项的处理作出了规定

由于企业所得税实行按年度计算，故规定本公告自2013年1月1日起执行。对以前事项拟按下述原则进行处理：居民企业符合条件的2013年1月1日前的电网新建项目，已经享受企业所得税优惠的则不再调整；未享受企业所得税优惠的可依照本公告的规定享受剩余年限的企业所得税优惠政策。

明确油气田企业开发煤层气页岩气增值税有关问题

To validate Certain VAT Issues Related to Oil and Gas Field Enterprises Engaging in the Development of Coal-bed Methane and Shale Gas

2009年，根据国务院批准的增值税转型改革方案和石油天然气企业增值税政策，财政部和国家税务总局对原有的油气田企业增值税政策进行了修订，并联合下发了《油气田企业增值税管理办法》。《管理办法》延续了2000年以来对油气田企业生产性劳务按照17%征收增值税的政策规定，并重新规范了油气田企业增值税缴纳办法。

《管理办法》规定的适用范围为从事原油、天然气生产的油气田企业，油气田企业开发煤层气、页岩气则属于一种新兴的业务，是否可以适用《管理办法》尚不明确。

煤层气和页岩气分别储存在煤层和泥页岩中，主要成分为甲烷，是一种优质高效的清洁能源。其主要成分和热值与开发自油田、天然气田的常规天然气相同，属于非常规的天然气资源。油气田企业开发煤层气、页岩气，应与开发石油、天然气同样适用于《管理办法》。因此，《国家税务总局关于油气田企业开发煤层气、页岩气增值税有关问题的公告》明确，油气田企业从事煤层气、页岩气生产，以及为生产煤层气、页岩气提供生产性劳务，按照《油气田企业增值税管理办法》（财税〔2009〕8号）缴纳增值税。

明确交通运输业和部分现代服务业营业税改征增值税试点增值税一般纳税人资格认定有关事项

To Justify Several Issues Related to General VAT taxpayer Recognition under the VAT Pilot Reform for Transportation and Important modern Service Industries

2013年5月31日，国家税务总局发布《关于交通运输业和部分现代服务业营业税改征增值税试点增值税一般纳税人资格认定有关事项的公告》（国家税务总局公告2013年第28号，以下简称《公告》），分两个层面明确了全国范围内交通运输业和部分现代服务业营改增试点纳税人增值税一般纳税人资格认定有关事项，一是明确试点前的特殊处理办法，二是明确试点之后应按正常程序办理认定。

首先，《公告》普遍适用于交通运输业和部分现代服务业营改增试点纳税人，即已完成税制转换的试点地区、试点行业和即将进行税制转换的试点地区、试点行业。

其次，试点实施前试点纳税人缴纳营业税，计算营业额，而试点实施后缴纳增值税，计算应税服务销售额。《公告》对如何根据试点纳税人试点前的营业额计算应税服务销售额，通过计算公式给予了明确。对试点纳税人兼有销售货物、提供加工修理修配劳务和应税服务项目的，明确分别计算年应税销售额，分别适用于增值税一般纳税人资格认定标准，即：只要有一项（销售货物、提供加工修理修配劳务或提供应税服务）达到认定标准，就应该认定为一般纳税人。

再次，试点实施前，各地可以根据国家税务总局令第22号和《公告》制定试点纳税人增值税一般纳税人资格认定具体办法，就计算年应税服务销售额的截止时间、具体认定程序等做出规定，以保证试点纳税人增值税一般纳税人资格认定工作顺利开展。

同时，对试点实施后的增值税一般纳税人资格认定办法，《公告》也做了明确，即所有增值税纳税人（包括试点纳税人），都应统一按国家税务总局令第22号规定进行资格认定。

明确石脑油　燃料油生产乙烯　芳烃类化工产品消费税退税问题

To Justify Important Consumption Tax Refund Issues Related to Naphtha and Fuel Oils used for the Production of Certain Chemical Products as of Ethylene and Arene

2013年5月29日，国家税务总局、海关总署联合发布《关于石脑油　燃料油生产乙烯　芳烃类化工产品消费税退税问题的公告》（国家税务总局　海关总署公告2013年第29号），自2013年7月1日起施行。

一、关于本公告发布的目的

2013年2月1日财政部、中国人民银行、海关总署和国家税务总局联合下发了《关于完善石脑油　燃料油生产乙烯　芳烃类化工产品消费税退税政策的通知》（财税〔2013〕2号，以下简称2号通知）。该通知的主要内容：一是调整了国产和进口石脑油、燃料油消费税的退税科目；二是明确划分了税务部门和海关部门的退税职责。由于上述退税政策发生变化，涉及纳税人退税资格的备案、退税资料的内容、申报时限以及税务和海关部门退税审核的内容、审批程序等一系列操作问题均需要相应做出调整，因此，经国家税务总局与海关总署共同研究，制定了本公告，以利于退税政策更好地贯彻执行。

二、关于退税科目的调整

2号通知下发前，国产和进口石脑油、燃料油的消费税退税全部使用“成品油消费税退税”科目（101020121）。2号通知下发后，将进口石脑油、燃料油消费税退税改用“进口成品油消费税退税”科目（101020221），而国产石脑油、燃料油消费税仍使用“成品油消费税退税”科目

（101020121）办理退税。

三、关于退税职责的划分

2号通知下发之前，石脑油、燃料油消费税的审核退税工作全部由税务机关负责。2号通知下发后，石脑油、燃料油消费税审核退税的职责，按以下三种情形划分：

1. 仅以自营或委托方式进口石脑油、燃料油生产乙烯、芳烃类化工产品的，进口油品的消费税审核退税工作由进口地海关负责；

2. 仅以国产石脑油、燃料油生产乙烯芳烃类化工产品的，国产油品的消费税审核退税工作由主管税务机关负责；

3. 既以国产又以进口石脑油、燃料油生产乙烯芳烃类化工产品的，国产油品的消费税审核退税由主管税务机关负责；进口油品的消费税退税由主管税务机关提出初审意见后转进口地海关复审并办理退税。

四、关于退税资格备案的变化

原退税政策规定，符合退税条件的生产乙烯、芳烃类产品的生产企业（以下简称使用企业）应向主管税务机关提请退税资格备案。根据新的退税政策，本公告对退税资格备案问题进行了调整，具体要求是：

1. 仅使用进口油品的使用企业，应向进口地海关申请退税资格备案。涉及多个进口地的，应分别向进口地海关进行备案；

2. 仅使用国产油品的使用企业，应向主管税务机关申请退税资格备案；

3. 既使用国产油品又使用进口油品的使用企业，应同时向主管税务机关和进口地海关申请退税资格备案。

五、关于退税资料的调整

按照2号通知的规定，使用企业应对生产乙烯、芳烃类产品的国产和进口石脑油、燃料油的领用存情况分别核算，并分别向主管税务机关和进口地海关申请退税，因此，本公告对退税资料重新进行了调整，具体情况是：

1. 原《石脑油、燃料油进口消费税退税资格备案表》、《石脑油、燃料油生产、外购、耗用、库存月度统计表》、《使用企业外购石脑油、燃料油凭证明细表》、《乙烯、芳烃生产装置投入产出流量计统计表》的表式内容、填报要求、报送部门等内容发生变化；

2. 原《用于生产乙烯、芳烃类化工产品的石脑油、燃料油消费税退税申请表》改为《用于生产乙烯、芳烃类化工产品的石脑油、燃料油消费税应退税额计算表》；

3. 新增了《生产企业销售含税石脑油、燃料油完税情况明细表》和《用于生产乙烯、芳烃类化工产品的石脑油、燃料油进口消费税退税申请表》，退税油品对应的消费税完税凭证、已认证的普通版增值税专用发票和进口货物报关单、自动进口许可证原件或复印件等材料。

六、关于退税资料中增加消费税完税凭证的问题

根据现行《中华人民共和国国家金库条例实施细则》第二十三条的规定，退库申请书必须包括“原缴款书日期、编号、预算科目、缴款金额”等内容。因此，使用企业按照《财政部　中国人民银行　国家税务总局关于延续执行部分石脑油　燃料油消费税政策的通知》（财税〔2011〕87号）和2号通知规定申请消费税退税时，必须提供外购油品所对应的消费税完税凭证。

七、关于免税油品和含税油品耗用划分问题

《国家税务总局关于发布〈用于生产乙烯、芳烃类化工产品的石脑油、燃料油退（免）消费税暂行办法〉的公告》（国家税务总局公告2012年第36号）规定，使用企业生产乙烯、芳烃类化

工产品应先计算耗用定点直供的国产免税石脑油、燃料油，实际耗用的油品数量大于外购免税油品数量，其超出部分的油品所含消费税才能申请办理退税。由于使用企业通常存在一定的合理库存，如果按先耗用免税油品，再耗用含税油品的顺序划分，将使得企业这部分库存油品所含消费税无法退还，占压了企业资金。为保障纳税人的权益，本公告对此项规定进行了调整，使用企业申请国产石脑油、燃料油消费税退税，不必先行计算扣除国产免税油数量。

明确出口企业申报出口货物退（免）税提供收汇资料有关问题

To Justify Several Issues Related With Providing Foreign Exchange Receipt Documents by Export Enterprises Claiming Export Refund

2013年6月9日，国家税务总局制定发布了《关于出口企业申报出口货物退（免）税提供收汇资料的公告》（国家税务总局公告2013年第30号，以下简称《公告》），自2013年8月1日起执行。

一、《公告》制定的背景

从2012年8月1日起，对出口的货物，国家外汇管理部门不再出具出口收汇核销单，为贯彻《国务院关于调低出口退税率加强出口退税管理的通知》（国发明电〔1995〕3号）中关于结汇与出口退税挂钩的规定，准确计算、审核办理出口退（免）税，核实出口业务的真实性，防范骗取出口退税违法行为的发生，国家税务总局制定了本公告。

二、适用《公告》的出口企业范围

除委托出口的企业之外的出口企业。

三、适用《公告》的货物范围

除适用《财政部　国家税务总局关于出口货物劳务增值税和消费税政策的通知》（财税〔2012〕39号）第一条第（二）项（第2目除外）、第（三）项所列的视同出口货物以及易货贸易出口货物、委托出口货物、边境小额贸易出口货物之外的出口货物。

四、《公告》的主要内容

1. 规定了出口企业申报退（免）税的货物，除由于特殊原因（《公告》附件3所列情形）不能收汇的以外，须在退（免）税申报期截止之日内收汇。未在规定期限内收汇的出口货物，适用增值税免税政策，出口企业前期已申报退（免）税的，还应按规定进行冲减或补缴已办理的免抵退税额（外贸企业为退税额）。

2. 列举了9类有违规行为的企业以及收汇率低于70%的企业，对这些进行重点管理，并规定这些企业在退（免）税申报时须提供出口收汇凭证。若符合《公告》附件3所列不能收汇的情形，应按规定向主管税务机关提供相应的证明材料。重点管理的企业范围和执行期限[以申报退（免）税时间为准]如下：

《公告》第二条第（一）项至第（五）项所列的被海关、外汇管理等出口监管部门列为重点管理的企业。执行期限为主管税务机关通知之日起至情形存续期结束。

《公告》第二条第（六）项至第（九）项所列的企业。执行期限为主管税务机关通知之日起的24个月内。

一个自然年度收汇率低于70%的企业。执行期限为主管税务机关确定年度收汇率的当年5月至次年4月。

出口企业并存《公告》第二条若干情形的，执行期限的截止时间为情形中的最晚截止时间。

3. 规定了非重点管理企业申报出口货物退（免）税时可不提供收汇凭证，如果主管税务机关在出口退税审核时发现企业申报退（免）税的出口货物需要核实出口业务真实性的，企业应按规定报送收汇的相关资料，经税务机关排除相关疑点后，方能办理退（免）税。

4. 规定了若出口合同约定全部收汇的最终日期在出口退（免）税申报期限截止之日后的，出口企业应在出口合同约定的最终收汇日期次月的增值税纳税申报期内，向主管税务机关提供收汇凭证，不能提供的，相对应的出口货物适用增值税免税政策。

5. 规定了主管税务机关如果发现出口企业申报退（免）税时所附送的收汇资料存在“不能收汇的原因或证明材料为虚假”、“收汇凭证是冒用的”情形的，除按《中华人民共和国税收征收管理法》相应的规定处罚外，相应的出口货物适用增值税征税政策，若属于偷骗税的，应由稽查部门查处。

6. 规定了税务机关对出口企业出口货物收汇情况审核时，发现疑点的处理方式。

实行海关进口增值税专用缴款书“先比对后抵扣”管理办法

To Enforce the Administrative Measures of “Comparison First and Credit Later” of Import VAT Payment Notes Issued by Customs Offices

2013年6月14日，国家税务总局　海关总署联合发布《关于实行海关进口增值税专用缴款书“先比对后抵扣”管理办法有关问题的公告》（国家税务总局　海关总署公告2013年第31号，以下简称《公告》），自2013年7月1日起施行。

一、下发《公告》的背景

自2004年起实行的海关进口增值税专用缴款书（以下简称海关缴款书）“先抵扣后比对”管理办法，有力打击了利用虚假海关缴款书骗抵税款的违法活动。但近年来，不法分子利用海关缴款书“先抵扣后比对”管理的时间差，使用虚假海关缴款书骗抵税款的案件时有发生。为堵塞税收管理漏洞，税务总局与海关总署自2009年4月起在河北、河南、广东、深圳等四省市试行了海关缴款书“先比对后抵扣”管理办法。试点以来，成效明显。税务总局与海关总署决定自2013年7月1日起在全国推行。

二、海关缴款书“先比对后抵扣”管理办法的主要内容

自2013年7月1日起，增值税一般纳税人（以下简称纳税人）进口货物取得的属于增值税扣税范围的海关缴款书，须经税务机关稽核比对相符后，其增值税额方能作为进项税额在销项税额中抵扣。

三、海关缴款书的抵扣期限规定

纳税人进口货物取得的属于增值税抵扣范围的缴款书，应按照《国家税务总局关于调整增值税扣税凭证抵扣期限有关问题的通知》（国税函〔2009〕617号）规定，自开具之日起180天内向主管税务机关报送《海关完税凭证抵扣清单》（电子数据）申请稽核比对，逾期未申请的其进项税额不予抵扣。

四、海关缴款书稽核比对的流程和稽核比对结果分类

税务机关通过稽核系统将纳税人申请稽核的海关缴款书数据，按日与进口增值税入库数据进行稽核比对，每个月为一个稽核期。海关缴款书开具当月申请稽核的，稽核期为申请稽核的当月、次月及第三个月。海关缴款书开具次月申请稽核的，稽核期为申请稽核的当月及次月。海关缴款书开具次月以后申请稽核的，稽核期为申请稽核的当月。

稽核比对结果分为相符、不符、滞留、缺联、重号五种。

相符，是指纳税人申请稽核的海关缴款书，其号码与海关已核销的海关缴款书号码一致，并且比对的相关数据也均相同。

不符，是指纳税人申请稽核的海关缴款书，其号码与海关已核销的海关缴款书号码一致，但比对的相关数据有一项或多项不同。

滞留，是指纳税人申请稽核的海关缴款书，在规定的稽核期内系统中暂无相对应的海关已核销海关缴款书号码，留待下期继续比对。

缺联，是指纳税人申请稽核的海关缴款书，在规定的稽核期结束时系统中仍无相对应的海关已核销海关缴款书号码。

重号，是指两个或两个以上的纳税人申请稽核同一份海关缴款书，并且比对的相关数据与海关已核销海关缴款书数据相同。

五、纳税人取得稽核比对结果的时间和申报抵扣的期限规定

税务机关于每月纳税申报期内，向纳税人提供上月稽核比对结果，纳税人应向主管税务机关查询稽核比对结果信息。

对稽核比对结果为相符的海关缴款书，纳税人应在税务机关提供稽核结果的当月纳税申报期内申报抵扣，逾期的其进项税额不予抵扣。

六、稽核比对结果异常的处理

稽核比对结果异常，是指稽核比对结果为不符、缺联、重号、滞留。

1. 对于稽核比对结果为不符、缺联的海关缴款书，纳税人应于产生稽核结果的180日内，持海关缴款书原件向主管税务机关申请数据修改或者核对，逾期的其进项税额不予抵扣。属于纳税人数据采集错误的，数据修改后再次进行稽核比对；不属于数据采集错误的，纳税人可向主管税务机关申请数据核对，主管税务机关会同海关组织核查。经核查，海关缴款书票面信息与纳税人实际进口货物业务一致的，纳税人应在收到主管税务机关书面通知的次月申报期内申报抵扣，逾期的其进项税额不予抵扣。

2. 对于稽核比对结果为重号的海关缴款书，由主管税务机关会同海关组织核查。经核查，海关缴款书票面信息与纳税人实际进口货物业务一致的，纳税人应在收到税务机关书面通知的次

月中报期内申报抵扣，逾期的其进项税额不予抵扣。

3. 对于稽核比对结果为滞留的海关缴款书，可继续参与稽核比对，纳税人不需申请数据核对。

七、相应的会计处理

纳税人应在“应交税金”科目下设“待抵扣进项税额”明细科目，用于核算已申请稽核但尚未取得稽核相符结果的海关缴款书进项税额。纳税人取得海关缴款书后，应借记“应交税金——待抵扣进项税额”明细科目，贷记相关科目；稽核比对相符以及核查后允许抵扣的，应借记“应交税金——应交增值税（进项税额）”专栏，贷记“应交税金——待抵扣进项税额”科目。经核查不得抵扣的进项税额，红字借记“应交税金——待抵扣进项税额”，红字贷记相关科目。

八、增值税纳税申报表及税务机关“一窗式”比对项目的调整

1. 自2013年7月1日起，纳税人已申请稽核但尚未取得稽核相符结果的海关缴款书进项税额填入《增值税纳税申报表》（一般纳税人适用）附表二“待抵扣进项税额”中的“海关进口增值税专用缴款书”栏。

2. 自2013年8月1日起，海关缴款书“一窗式”比对项目调整为：核对《增值税纳税申报表》（一般纳税人适用）附表二第5栏税额是否等于或小于稽核系统比对相符和核查后允许抵扣的海关缴款书进项税额。

明确调整增值税纳税申报有关事项

To Justify Important Matters related to the Adjustment of VAT filing

为配合扩大营业税改征增值税试点工作，进一步规范增值税纳税申报，根据《财政部　国家税务总局关于在全国开展交通运输业和部分现代服务业营业税改征增值税试点税收政策的通知》（财税〔2013〕37号）有关规定，结合前期试点经验，2013年6月19日，国家税务总局发布《国家税务总局关于调整增值税纳税申报有关事项的公告》（国家税务总局公告2013年第32号，以下简称《公告》），对增值税纳税申报有关事项进行了调整。

一、《公告》制定的背景和目的

按照国务院部署，自2013年8月1日起，交通运输业和部分现代服务业营业税改征增值税（以下称“营改增”）试点将在全国范围内推开。除先期试点地区外，其他地区目前所使用的增值税纳税申报表及附列资料不能够满足营改增后增值税管理的需要。因此，税务总局根据扩大营改增试点相关政策规定，结合先期试点地区经验，对增值税纳税申报有关事项进行了调整，以满足扩大营改增试点后增值税纳税申报和征收管理的需要。

二、《公告》的适用范围

自2013年9月申报期起，中华人民共和国境内增值税纳税人均应按照本公告的规定进行增值税

纳税申报。

三、《公告》的主要内容

1. 明确了增值税一般纳税人纳税申报表及其附列资料。具体包括：《增值税纳税申报表（一般纳税人适用）》；《增值税纳税申报表附列资料（一）》（本期销售情况明细）；《增值税纳税申报表附列资料（二）》（本期进项税额明细）；《增值税纳税申报表附列资料（三）》（应税服务扣除项目明细）；《增值税纳税申报表附列资料（四）》（税额抵减情况表）；《固定资产进项税额抵扣情况表》。

2. 明确了增值税小规模纳税人纳税申报表及其附列资料。具体包括：《增值税纳税申报表（小规模纳税人适用）》和《增值税纳税申报表（小规模纳税人适用）附列资料》。

3. 明确了增值税纳税申报其他资料。具体包括：已开具的税控《机动车销售统一发票》和普通发票的存根联；符合抵扣条件且在本期申报抵扣的防伪税控《增值税专用发票》、《货物运输业增值税专用发票》、税控《机动车销售统一发票》、《公路、内河货物运输业统一发票》的抵扣联；符合抵扣条件且在本期申报抵扣的海关进口增值税专用缴款书、购进农产品取得的普通发票、运输费用结算单据的复印件；符合抵扣条件且在本期申报抵扣的代扣代缴增值税税收缴款凭证及其清单，书面合同、付款证明和境外单位的对账单或者发票；已开具的农产品收购凭证的存根联或报查联；应税服务扣除项目的合法凭证及其清单；主管税务机关规定的其他资料。

明确增值税一般纳税人资格认定有关事项

To Justify Several Issues regarding the Recognition of General Value-Added Tax (VAT) Taxpayer

《财政部　国家税务总局关于在全国开展交通运输业和部分现代服务业营业税改征增值税试点税收政策的通知》（财税〔2013〕37号）印发后，为解决其与《中华人民共和国增值税暂行条例实施细则》（财政部　国家税务总局令第50号，以下简称实施细则）在增值税一般纳税人资格认定政策方面的衔接问题，进一步明确有关政策适用范围，2013年6月21日，国家税务总局发布了《关于增值税一般纳税人资格认定有关事项的公告》（国家税务总局公告2013年第33号，以下简称《公告》）。

一、《公告》的背景及目的

适应营改增和税收管理的需要，财税〔2013〕37号文件对可以不认定为增值税一般纳税人的情况作出例外性规定，与实施细则相关类似规定存在区别，主要体现在非企业性单位上：实施细则规定，只要是非企业性单位，即可选择按小规模纳税人纳税；财税〔2013〕37号文件则将范围收窄，只有不经常发生应税行为的非企业性单位，才可选择按小规模纳税人纳税。在以上2条规定并行的情况下，为消除税收实践中税企双方理解上的偏差，有必要发布政策性公告，以明确纳税人在该政策适用上的区别与衔接。

二、《公告》主要内容

纳税人按不同类别，分别适用不同的政策规定：

第一类：销售货物或者提供加工、修理修配劳务的纳税人，进行增值税一般纳税人资格认定时，其小规模纳税人资格适用条件，按照财政部、国家税务总局令第50号第二十九条："年应税销售额超过小规模纳税人标准的其他个人按小规模纳税人纳税；非企业性单位、不经常发生应税行为的企业可选择按小规模纳税人纳税"规定执行。

第二类：提供应税服务的营业税改征增值税试点纳税人，进行增值税一般纳税人资格认定时，其小规模纳税人资格适用条件，按照财税〔2013〕37号文件附件1《交通运输业和部分现代服务业营业税改征增值税试点实施办法》第三条第三款："应税服务年销售额超过规定标准的其他个人不属于一般纳税人；不经常提供应税服务的非企业性单位、企业和个体工商户可选择按照小规模纳税人纳税"规定执行。

第三类：兼有销售货物、提供加工修理修配劳务以及应税服务的纳税人，应税货物及劳务销售额与应税服务销售额分别计算，分别适用增值税一般纳税人资格认定标准。

兼有销售货物、提供加工修理修配劳务以及应税服务，且不经常发生应税行为的非企业性单位、企业和个体工商户可选择按照小规模纳税人纳税。

另外，还必须注意：除授权各省、自治区、直辖市和计划单列市国家税务局外，增值税一般纳税人资格认定具体程序，按照《增值税一般纳税人资格认定管理办法》（国家税务总局令第22号）相关规定执行。

明确实施税收票证管理办法若干问题

To Justify Several Issues of the Implementation of Administrative Measures for Tax Tickets and Certificates

2013年6月24日，国家税务总局发布《关于实施〈税收票证管理办法〉若干问题的公告》（国家税务总局公告2013年第34号，以下简称《公告》），自2014年1月1日起施行。

一、《公告》出台背景

《税收票证管理办法》（国家税务总局令第28号，以下简称《办法》）已经于2013年2月25日公布，自2014年1月1日起施行。《办法》对税收票证的种类及名称重新进行了规范，对税收票证使用管理中的制度作了调整，并将制发新的税收票证的式样，为了做好办法的贯彻执行准备工作，便于社会公众理解《办法》以及《办法》与相关制度的衔接，税务总局制定了本公告。

二、关于未纳入《办法》的几种相关凭证的使用

《办法》第二章对税收票证、税收票证专用章戳的种类和适用范围进行了明确，但是对于部分在现行《税收票证管理办法》里规定列入税收

票证管理的凭证及章戳（例如《税务代保管资金专用收据》及“税务代保管资金专用章”、税务机关当场收缴罚款时使用的由财政部门统一制发的罚款收据）、以单行办法规定的与税款征收密切相关的凭证及章戳（例如《车辆购置税完税证明》及“车购税征税专用章”），以及具有完税证明作用的其他凭证（例如纳税人通过横向联网电子缴税系统缴纳税款后，银行为纳税人打印的《电子缴税付款凭证》和纳税人通过税务机关网上开票系统自行开具的《电子缴款凭证》）是否继续使用、其效力有无变化，基层税务机关和纳税人需要税务总局予以明确。本公告对此进行了整理，明确上述凭证及章戳继续执行原有规定，效力不变，同时对税务机关对于相关凭证的管理要求进行了进一步明确。

三、关于部分种类税收票证的使用管理

1. 关于数据电文税收票证。数据电文税收票证的概念在《办法》第三条第二款做出了规定，本公告进一步明确其范围不包括存储在税收征管系统中的纸质税收票证的电子信息。

2. 关于《出口货物完税分割单》。自《办法》施行开始，《出口货物完税分割单》的联次顺序将进行调整，本公告对联次调整后的《出口货物完税分割单》的取得和换开流程进行了明确。

3. 关于税收完税证明。税收完税证明是《办法》为优化纳税服务和简并票证种类新设的一个票种，公告结合《办法》第十七条对税收完税证明适用范围的规定，对其具体使用要求进行了进一步的明确：

首先，明确税收完税证明分为表格式和文书式两种。按照《办法》第十七条第一款第（一）项、第（二）项、第（三）项以及国家税务总局明确规定的其他情形开具的税收完税证明为表格式；按照《办法》第十七条第一款第（四）项规定开具的税收完税证明为文书式，文书式税收完税证明不得作为纳税人的记账或抵扣凭证。

其次，明确《办法》第十三条第（三）项、第十七条第一款第（二）项所称扣缴义务人已经向纳税人开具的税法规定或国家税务总局认可的记载完税情况的其他凭证，是指记载车船税完税情况的交强险保单、记载储蓄存款利息所得税完税情况的利息清单等税法或国家税务总局认可的能够作为已完税情况证明的凭证；《办法》第十七条第一款第（四）项所称“对纳税人特定期间完税情况出具证明”，是指税务机关为纳税人连续期间的纳税情况汇总开具完税证明的情形。税务机关按照《办法》第十七条第一款第（四）项开具完税证明时，必须确保纳税人缴、退税信息全面、准确、完整，具体开具办法由各省税务机关确定。

最后，明确扣缴义务人未按规定为纳税人开具税收票证的，税务机关核实税款缴纳情况后，应当为纳税人开具税收完税证明（表格式）。

4. 关于《印花税票销售凭证》。印花税票是印有固定金额的有价证券，为了加强对印花税票及印花税税款的监控管理，根据《办法》的规定，本公告明确税务机关、代售人销售印花税票应当同时开具《印花税票销售凭证》；税务机关印花税票销售人员、代售人向税收票证管理人员办理票款结报缴销时，应当持《印花税票销售凭证》一并办理。

四、关于税收票款的结报缴销

税收票款的结报缴销制度是为了加强税收票证的使用管理和保证税款安全，对税务机关、扣缴义务人、代征代售人等税收票证的开具单位（人）做出的制度性规定。本公告对《办法》第三十八条规定的结报缴销制度进行了细化，明确了办理结报缴销的表证单书和程序要求。

五、关于新版税收票证式样的启用

根据《办法》第八条和第二十二条的规定，

税收票证式样由总局统一制定。本公告明确，自2014年1月1日起，各地税务机关将统一启用由国家税务总局制发的新税收票证式样，此前制发的相关税收票证式样同时废止。

明确营业税改征增值税试点中文化事业建设费征收有关事项

To Justify Several Issues about the Collection of Cultural construction fee in the Pilot of Replacing Business Tax with VAT

为配合在全国范围内开展的交通运输业和部分现代服务业“营改增”试点，继续做好营改增文化事业建设费征收管理工作，2013年6月28日，国家税务总局发布《关于营业税改征增值税试点中文化事业建设费征收有关事项的公告》（国家税务总局公告2013年第35号，以下简称《公告》）。

一、《公告》制定的背景和目的

按照《财政部　国家税务总局关于在全国开展交通运输业和部分现代服务业营业税改征增值税试点税收政策的通知》（财税〔2013〕37号）要求，自2013年8月1日起，在全国范围内开展交通运输业和部分现代服务业“营改增”试点。除“营改增”先期试点地区外，其他试点地区广告业文化事业建设费（以下简称“营改增”文化事业建设费）将改由国税部门征收，为确保“营改增”文化事业建设费的平稳征收，有必要对“营改增”扩大试点后“营改增”文化事业建设费征收管理的有关事项进行明确。

二、《公告》的适用范围

本公告适用于纳入营业税改征增值税试点范围的文化事业建设费缴纳义务人和扣缴义务人。

三、《公告》的主要内容

1. 按照财税〔2013〕37号文件规定，纳入“营改增”试点范围，适用《财政部　国家税务总局关于营业税改征增值税试点中文化事业建设费征收有关问题的通知》（财综〔2012〕68号），缴纳和扣缴文化事业建设费的单位和个人，应按照《国家税务总局关于营业税改征增值税试点文化事业建设费缴费信息登记有关事项的公告》（国家税务总局公告2012年第50号）、《国家税务总局关于营业税改征增值税试点文化事业建设费申报有关事项的公告》（国家税务总局公告2012年第51号）的规定，向主管税务机关申报办理文化事业建设费缴费信息登记和申报缴纳文化事业建设费。

2. “营改增”试点期间，适用财综〔2012〕96号文件第三条规定，免征文化事业建设费的个人（包括个体工商户和其他个人），可以不进行文化事业建设费申报。

财政部　国家税务总局
关于享受资源综合利用增值税优惠政策的纳税人执行污染物排放标准有关问题的通知

Notice by Ministry of Finance and the State Administration of Taxation on a number of Issues Regarding the Pollutant Emission Standards for Taxpayers Eligible for VAT Preferential Policies for the Comprehensive Utilization of Resources

财税〔2013〕23号

各省、自治区、直辖市、计划单列市财政厅（局）、国家税务局，新疆生产建设兵团财务局：

为进一步提高资源综合利用增值税优惠政策的实施效果，促进环境保护，现对享受资源综合利用增值税优惠政策的纳税人执行污染物排放标准有关问题明确如下：

一、纳税人享受资源综合利用产品及劳务增值税退税、免税政策的，其污染物排放必须达到相应的污染物排放标准。

资源综合利用产品及劳务增值税退税、免税政策，是指《财政部　国家税务总局关于有机肥产品免征增值税的通知》(财税〔2008〕56号)、《财政部　国家税务总局关于资源综合利用及其他产品增值税政策的通知》(财税〔2008〕156号)、《财政部　国家税务总局关于调整完善资源综合利用产品及劳务增值税政策的通知》(财税〔2011〕115号)规定的退税、免税政策。

相应的污染物排放标准，是指污染物排放地的环境保护部门根据纳税人排放污染物的类型，所确定的应予执行的国家或地方污染物排放标准。达到污染物排放标准，是指符合污染物排放标准规定的全部项目。

二、纳税人在办理资源综合利用产品及劳务增值税退税、免税事宜时，应同时提交污染物排放地环境保护部门确定的该纳税人应予执行的污染物排放标准，以及污染物排放地环境保护部门在此前6个月以内出具的该纳税人的污染物排放符合上述标准的证明材料。已开展环保核查的行业，应以环境保护部门发布的符合环保法律法规要求的企业名单公告作为证明材料。

三、对未达到相应的污染物排放标准的纳税人，自发生违规排放行为之日起，取消其享受资源综合利用产品及劳务增值税退税、免税政策的资格，且三年内不得再次申请。纳税人自发生违规排放行为之日起已申请并办理退税、免税的，应予追缴。

发生违规排放行为之日，是指已经污染物排放地环境保护部门查证确认的，纳税人发生未达到应予执行的污染物排放标准行为的当日。

四、《财政部　国家税务总局关于资源综合利用及其他产品增值税政策的通知》(财税〔2008〕156号)第二条所述的污水处理修改为：污水处理是指将污水(包括城镇污水和工业废水)处理后达到《城镇污水处理厂污染物排放标准》（GB18918-2002），或达到相应的国家或地方水污染物排放标准中的直接排放限值的业务。

“城镇污水”是指城镇居民生活污水，机关、学校、医院、商业服务机构及各种公共设施排水，以及允许排入城镇污水收集系统的工业废水和初期雨水。

“工业废水”是指工业生产过程中产生的，不允许排入城镇污水收集系统的废水和废液。

本条所述的《城镇污水处理厂污染物排放标准》（GB18918-2002）如在执行过程中有更新、替换，按最新标准执行。

五、本通知自2013年4月1日起执行，《财政部　国家税务总局关于调整完善资源综合利用产品及劳务增值税政策的通知》（财税〔2011〕115号）第九条第(三)项相应废止。

《财政部　国家税务总局关于调整完善资源综合利用产品及劳务增值税政策的通知》（财税〔2011〕115号）第四条、第五条第（一）项的规定在本通知生效之前的执行过程中涉及污染物排放的，按本通知第一条、第二条有关规定执行。

财政部　国家税务总局

2013年4月1日

财政部　国家税务总局
关于在全国开展交通运输业和部分现代服务业
营业税改征增值税试点税收政策的通知

Notice by Ministry of Finance and the State Administration of Taxation on the Launch of VAT Pilot Reform for Transportation Industry and Important Modern Service Industries on a Nation Wide Basis

财税〔2013〕37号

各省、自治区、直辖市、计划单列市财政厅（局）、国家税务局、地方税务局，新疆生产建设兵团财务局：

根据国务院进一步扩大交通运输业和部分现代服务业营业税改征增值税（以下称营改增）试点的要求，现将有关事项通知如下：

一、经国务院批准，自2013年8月1日起，在全国范围内开展交通运输业和部分现代服务业营改增试点。现将有关规定印发你们，请遵照执行。

二、在全国开展交通运输业和部分现代服务业营改增试点，范围广、时间紧、任务重，各地要高度重视，切实加强试点工作的组织领导，精心组织、周密安排、明确责任，采取各种有效措施，做好试点前的各项准备以及试点过程中的监测分析和宣传解释等工作，确保改革的平稳、有序、顺利进行。遇到问题请及时向财政部和国家税务总局反映。

三、《财政部　国家税务总局关于在上海市开展交通运输业和部分现代服务业营业税改征增值税试点的通知》（财税〔2011〕111号）、《财政部　国家税务总局关于应税服务适用增值税零税率和免税政策的通知》（财税〔2011〕131号）、《财政部　国家税务总局关于交通运输业和部分现代服务业营业税改征增值税试点若干税收政策的通知》（财税〔2011〕133号）、《财政部　国家税务总局关于交通运输业和部分现代服务务业营业税改征增值税试点若干税收政策的补充通知》（财税〔2012〕53号）、《财政部 国家税务总局关于在北京等8省市开展交通运输业和部分现代服务业营业税改征增值税试点的通知》（财税〔2012〕71号）、《财政部 国家税务总局关于交通运输业和部分现代服务业营业税改征增值税试点应税服务范围等若干税收政策的补充通知》（财税〔2012〕86号）、《财政部 国家税务总局关于营业税若干政策问题的通知》（财税〔2003〕16号）第三条第（十六）和第（十八）项，自2013年8月1日起废止。

附件：1. 交通运输业和部分现代服务业营业税改征增值税试点实施办法（略）

2. 交通运输业和部分现代服务业营业税改征增值税试点有关事项的规定（略）

3. 交通运输业和部分现代服务业营业税改征增值税试点过渡政策的规定（略）

4. 应税服务适用增值税零税率和免税政策的规定（略）

财政部 国家税务总局

2013年5月24日

国家税务总局关于金融机构销售贵金属增值税有关问题的公告

Announcement by the State Administration of Taxation on a number of VAT Issues concerning the Selling of Precious Metal by Financial Institutions

国家税务总局公告2013年第13号

现将金融机构销售贵金属产品增值税有关问题公告如下：

一、金融机构从事经其行业主管部门（中国人民银行或中国银行业监督管理委员会）允许的金、银、铂等贵金属交易业务，可比照《国家税务总局关于金融机构开展个人实物黄金交易业务增值税有关问题的通知》（国税发〔2005〕178号）规定，实行金融机构各省级分行和直属一级分行所在地市级分行、支行按照规定的预征率预缴增值税，省级分行和直属一级分行统一清算缴纳的办法。

经其行业主管部门允许，是指金融机构能够提供行业主管部门批准其从事贵金属交易业务的批复文件，或向行业主管部门报备的备案文件，或行业主管部门未限制其经营贵金属业务的有关证明文件。

二、已认定为增值税一般纳税人的金融机构，开展经其行业主管部门允许的贵金属交易业务时，可根据《增值税专用发票使用规定》（国税发〔2006〕156号）及相关规定领购、使用增值税专用发票。

本公告自2013年4月1日起施行。

特此公告。

国家税务总局

2013年3月15日

国家税务总局关于《中华人民共和国政府和丹麦王国政府对所得避免双重征税和防止偷漏税的协定》及议定书生效执行的公告

Announcement by the State Administration of Taxation on the Effectiveness and Enforcement of the "Agreement between the Government of the People's Republic of China and the Government of the Kingdom of Denmark for the Avoidance of Double Taxation and the Prevention for Fiscal Evasion with respect to Taxes on Income" and its Protocol

国家税务总局公告2013年第14号

《中华人民共和国政府和丹麦王国政府对所得避免双重征税和防止偷漏税的协定》（以下简称协定）及议定书已于 2012 年 6 月 16 日在哥本哈根正式签署，双方分别于 2012 年 9 月 3 日和 2012 年 11 月 28 日相互通知已完成该协定及议定书生效所必需的各自国内法律程序。根据协定第二十八条的规定，该协定及议定书自 2012 年 12 月 27 日起生效，并适用于 2013 年 1 月 1 日或以后取得的所得。

特此公告。

国家税务总局

2013 年 4 月 9 日

国家税务总局关于纳税人投资政府土地改造项目有关营业税问题的公告

Announcement by the State Administration of Taxation on a number of Business Tax Issues concerning Taxpayers' Investment in Government-oriented Land Renovation Project

国家税务总局公告2013年第15号

现就纳税人投资政府土地改造项目有关营业税问题公告如下：

一些纳税人（以下称投资方）与地方政府合作，投资政府土地改造项目（包括企业搬迁、危房拆除、土地平整等土地整理工作）。其中，土地拆迁、安置及补偿工作由地方政府指定其他纳税人进行，投资方负责按计划支付土地整理所需资金；同时，投资方作为建设方与规划设计单位、施工单位签订合同，协助地方政府完成土地规划设计、场地平整、地块周边绿化等工作，并直接向规划设计单位和施工单位支付设计费和工程款。当该地块符合国家土地出让条件时，地方政府将该地块进行挂牌出让，若成交价低于投资方投入的所有资金，亏损由投资方自行承担；若成交价超过投资方投入的所有资金，则所获收益归投资方。在上述过程中，投资方的行为属于投资行为，不属于营业税征税范围，其取得的投资收益不征收营业税；规划设计单位、施工单位提供规划设计劳务和建筑业劳务取得的收入，应照章征收营业税。

本公告自 2013 年 5 月 1 日起施行。本公告生效前，纳税人未缴纳税款的，按照本公告规定执行；纳税人已缴纳税款的，税务机关应按照本公告规定予以退税。

特此公告。

国家税务总局

2013 年 4 月 15 日

国家税务总局关于发布《国家税务总局定点联系企业名册管理办法》的公告

Announcement by the State Administration of Taxation on the Release of Administrative Measures on the Directory of Enterprises Appointed as Liaison Enterprises by SAT

国家税务总局公告2013年第18号

为加强国家税务总局定点联系企业名册管理，根据《中华人民共和国税收征收管理法》及其实施细则、《国家税务总局关于印发〈国家税务总局大企业税收服务和管理规程（试行）〉的通知》（国税发〔2011〕71 号）等文件的精神，国家税务总局制定了《国家税务总局定点联系企业名册管理办法》。现予发布，自 2013 年 9 月 1 日起施行。

特此公告。

国家税务总局

2013 年 4 月 22 日

国家税务总局定点联系企业名册管理办法

第一章 总 则

第一条 为加强国家税务总局定点联系企业名册（以下简称企业名册）管理，根据《中华人民共和国税收征收管理法》及其实施细则、《国家税务总局关于印发〈国家税务总局大企业税收服务和管理规程（试行）〉的通知》（国税发〔2011〕71 号）等有关规定，制定本管理办法。

第二条 凡由国家税务总局按照规定程序统

一选定，纳入国家税务总局定点联系企业（以下简称总局定点联系企业）管理机制的企业集团总部及其成员企业名册的采集、下发、核实、上报和反馈等工作，均适用本管理办法。

第三条 企业名册管理是指在国家税务总局的统一部署下，总局定点联系企业集团总部定期报送本级及其成员企业名册，税务机关根据上述信息，开展企业名册核实，反馈名册核实结果，正确建立总局定点联系企业树型管理体系的业务处理过程。

第四条 企业名册由总局定点联系企业的税务登记、资格认定、关联关系以及组织架构等涉税信息组成。企业名册的范围和内容由国家税务总局根据税收管理工作需要逐年规范、完善。

第五条 企业名册管理范围以合并报表的口径和工商注册规范的组织形式为参考，建立统一标准。内资企业名册管理范围为纳入企业合并报表范围且进行税务登记的境内各级分公司和子公司，以及境外控股公司；外资企业名册管理范围为全球总部控股并在中国境内进行税务登记的各级分公司和子公司；其他特殊情况的涉税组织机构。

第二章　工作模式

第六条 总局定点联系企业与税务机关要在《国家税务总局大企业税收服务和管理规程（试行）》框架下，共同构建起税企合作、纵向联动、协调高效的企业名册管理工作模式。

第七条 税企合作是指总局定点联系企业和税务机关遵循平等、互信、互助、共赢的原则，合作开展企业名册管理，共同预防和控制税务风险。总局定点联系企业应当依法履行企业名册报送义务；税务机关应当合法使用企业名册信息，保障纳税人合法权益，引导企业提高名册管理水平。

第八条 纵向联动是指采取集中与属地管理相结合的方式，充分发挥总局定点联系企业与税务机关的企业名册管理能力。总局定点联系企业集团总部要组织落实好本级及其成员企业名册的报送和校正工作；省、自治区、直辖市和计划单列市（以下简称省）税务机关要按照国家税务总局的统一部署和工作要求，层层落实名册核实工作，实现纵向联动。

第九条 协调高效是指按照业务关联、职责明晰、衔接紧密的原则，总局定点联系企业与税务机关要合理界定内部各部门、各层级、各岗位的工作职责，并使之密切配合，形成合力。

第三章　工作职责

第十条 国家税务总局统筹安排企业名册管理工作。其职责包括：

（一）规范企业名册范围和内容，完善企业名册管理办法；

（二）组织总局定点联系企业集团总部开展企业名册整理和报送工作；

（三）组织省以下税务机关开展企业名册核实工作；

（四）向总局定点联系企业集团总部反馈企业名册核实结果，引导其开展企业名册校正工作；

（五）其他全国性的企业名册管理工作。

第十一条 省以下税务机关应当根据本办法做好税务行政区划内的企业名册管理工作。其职责包括：

（一）省税务机关负责整理、上报税务行政区划代码、名称和对应关系等信息，完成企业名册管理代码准备工作；

（二）省税务机关负责组织税务行政区划内企业名册的核实、修订和上报工作；

（三）地市税务机关负责组织税务行政区划内企业名册的核实工作，修订和上报税务行政区划内的企业名册；

（四）属地税务机关负责根据上级税务机关的工作要求，核实税务行政区划内的企业名册；

（五）其他企业名册管理工作。

第十二条 总局定点联系企业承担企业名册的整理、报送和校正工作。其职责包括：

（一）根据税务机关工作要求，组织开展企业名册的整理、审核、汇总和报送工作；

（二）配合税务机关开展企业名册核实工作；

（三）根据税务机关反馈的核实结果，组织开展企业名册校正工作；

（四）其他企业名册管理工作。

第四章 工作流程

第十三条 总局定点联系企业与相关税务机关要充分依托大企业税收信息化平台和工具，每年定期开展企业名册管理工作。

第十四条 企业名册管理工作分为代码准备、名册采集、任务分发、名册核实、结果上报、名册反馈和工作总结七个阶段。具体工作内容和时间要求如下：

（一）代码准备阶段。9月30日前，省税务机关整理当年税务行政区划代码、名称和对应关系等信息，并上报至国家税务总局，完成企业名册管理代码准备工作。

（二）名册采集阶段。10月31日前，总局定点联系企业集团总部整理、审核和汇总本级及其成员企业名册，并按照税务机关的指定方式，将企业名册报送至国家税务总局。

（三）任务分发阶段。11月15日前，国家税务总局按照税务行政区划关系，将采集的企业名册分发至各地税务机关。

（四）名册核实阶段。12月15日前，省以下税务机关根据任务分发结果，组织完成税务行政区划内企业名册核实工作。具体可采取与现行征管系统信息比对、与第三方信息比对、向企业核实信息以及到企业实地调查等方式开展名册核实工作。

（五）结果上报阶段。12月31日前，省以下税务机关根据名册核实结果，标注、修订与企业报送情况不符的名册信息，并将核实和修订结果上报至国家税务总局。同时，省税务机关税收征管部门应当根据名册核实结果，组织调整现行征管系统中的“大企业管理层级标识”，实现企业名册信息共享。

（六）名册反馈阶段。次年1月20日前，国家税务总局将核实后的企业名册反馈给总局定点联系企业集团总部，由其根据核实结果，区分不同情况，开展信息校正工作。总局定点联系企业集团总部须在当年报送税务遵从责任报告时，将校正结果反馈国家税务总局。

（七）工作总结阶段。次年1月31日前，省税务机关根据工作中暴露出的重点和难点问题，进行工作总结，提出工作建议。国家税务总局根据工作开展情况，实施工作考核，提升工作水平。

第五章 附 则

第十五条 各省、自治区、直辖市和计划单列市国家税务局、地方税务局可参照本办法，制定省、地市税务机关定点联系（或列名）企业名册管理办法。

第十六条 本办法自2013年9月1日起施行。

国家税务总局关于非居民企业派遣人员在中国境内提供劳务征收企业所得税有关问题的公告

Announcement by the State Administration of Taxation on Important Issues Related to Corporate Income Tax (CIT) Collection on Services Provided by Non-resident Companies to Chinese Companies through Staff Second Amendments

国家税务总局公告2013年第19号

根据《中华人民共和国企业所得税法》及其实施条例、中国政府对外签署的避免双重征税协定（含与香港、澳门特别行政区签署的税收安排，以下统称税收协定）以及《国家税务总局关于印发〈中华人民共和国政府和新加坡共和国政府关于对所得避免双重征税和防止偷漏税的协定及议定书条文解释〉的通知》（国税发〔2010〕75号）等规定，现就非居民企业派遣人员在中国境内提供劳务征收企业所得税有关问题公告如下：

一、非居民企业（以下统称派遣企业）派遣人员在中国境内提供劳务，如果派遣企业对被派遣人员工作结果承担部分或全部责任和风险，通常考核评估被派遣人员的工作业绩，应视为派遣企业在中国境内设立机构、场所提供劳务；如果派遣企业属于税收协定缔约对方企业，且提供劳务的机构、场所具有相对的固定性和持久性，该机构、场所构成在中国境内设立的常设机构。

在做出上述判断时，应结合下列因素予以确定：

（一）接收劳务的境内企业（以下统称“接收企业”）向派遣企业支付管理费、服务费性质的款项；

（二）接收企业向派遣企业支付的款项金额超出派遣企业代垫、代付被派遣人员的工资、薪金、社会保险费及其他费用；

（三）派遣企业并未将接收企业支付的相关费用全部发放给被派遣人员，而是保留了一定数额的款项；

（四）派遣企业负担的被派遣人员的工资、薪金未全额在中国缴纳个人所得税；

（五）派遣企业确定被派遣人员的数量、任职资格、薪酬标准及其在中国境内的工作地点。

二、如果派遣企业仅为在接收企业行使股东权利、保障其合法股东权益而派遣人员在中国境内提供劳务的，包括被派遣人员为派遣企业提供对接收企业投资的有关建议、代表派遣企业参加接收企业股东大会或董事会议等活动，均不因该活动在接收企业营业场所进行而认定为派遣企业在中国境内设立机构、场所或常设机构。

三、符合第一条规定的派遣企业和接收企业应按照《非居民承包工程作业和提供劳务税收管理暂行办法》（国家税务总局令第19号）规定办理税务登记和备案、税款申报及其他涉税事宜。

四、符合第一条规定的派遣企业应依法准确计算其取得的所得并据实申报缴纳企业所得税；不能如实申报的，税务机关有权按照相关规定核定其应纳税所得额。

五、主管税务机关应加强对派遣行为的税收管理，重点审核下列与派遣行为有关的资料，以及派遣安排的经济实质和执行情况，确定非居民企业所得税纳税义务：

（一）派遣企业、接收企业和被派遣人员之间的合同协议或约定；

（二）派遣企业或接收企业对被派遣人员的管理规定，包括被派遣人员的工作职责、工作内容、工作考核、风险承担等方面的具体规定；

（三）接收企业向派遣企业支付款项及相关账务处理情况，被派遣人员个人所得税申报缴纳资料；

（四）接收企业是否存在通过抵消交易、放弃债权、关联交易或其他形式隐蔽性支付与派遣行为相关费用的情形。

六、主管税务机关根据企业所得税法及本公告规定确定派遣企业纳税义务时，应与被派遣人员提供劳务涉及的个人所得税、营业税的主管税务机关加强协调沟通，交换被派遣人员提供劳务的相关信息，确保税收政策的准确执行。

七、各地在执行本公告规定对非居民企业派遣人员提供劳务进行税务处理时，应严格按照有关规定为派遣企业或接收企业及时办理对外支付相关手续。

八、本公告自 2013 年 6 月 1 日起施行。本公告施行前发生但未作税务处理的事项，依据本公告执行。

特此公告。

国家税务总局

2013 年 4 月 19 日

国家税务总局关于
中澳税收协定适用于澳大利亚新增税种的公告

Announcement by the State Administration of Taxation on the Newly-added Australian Taxes Applicable to the Agreement between China and Australia

国家税务总局公告2013年第20号

中澳双方税务主管当局代表经过协商，同意将中澳税收协定适用于澳大利亚新增加的矿产资源租赁税（Mineral Resource Rent Tax）。该税种是澳大利亚根据其国内相关法案设立，以铁矿石项目和煤矿项目取得的利润为征税对象，与中澳税收协定税种范围条款澳方所列的石油资源租赁税实质相同。

本公告自 2013 年 6 月 1 日起施行。

特此公告。

国家税务总局

2013 年 4 月 26 日

国家税务总局
关于发布个人所得税申报表的公告

Announcement by the State Administration of Taxation on the Release of Individual Income Tax (IIT) Return Forms

国家税务总局公告2013年第21号

为进一步优化纳税服务，加强税收征管，根据《中华人民共和国个人所得税法》及其实施条例和有关规定，现将国家税务总局修改后的个人所得税申报表及其填表说明（见附件1至附件9）予以发布，自2013年8月1日起执行。执行中如有问题，请及时向税务总局(所得税司)反映。

《国家税务总局关于印发个人所得税申报表式样的通知》（国税发〔1993〕145号），《财政部 国家税务总局关于印发〈关于个人独资企业和合伙企业投资者征收个人所得税的规定〉的通知》(财税〔2000〕91号）中附件2、附件3和附件4，《国家税务总局关于印发〈个人所得税自行纳税申报办法（试行）〉的通知》（国税发〔2006〕162号）中附件2至附件9，《国家税务总局关于印发〈个人所得税全员全额扣缴申报管理暂行办法〉的通知》（国税发〔2005〕205号）中附件1和附件2，同时废止。

特此公告。

附件：1. 个人所得税基础信息表（A表）（略）
2. 个人所得税基础信息表（B表）（略）
3. 扣缴个人所得税报告表（略）
4. 特定行业个人所得税年度申报表（略）
5. 个人所得税自行纳税申报表（A表）（略）
6. 个人所得税自行纳税申报表（B表）（略）
7. 生产、经营所得个人所得税纳税申报表（A表）（略）
8. 生产、经营所得个人所得税纳税申报表（B表）（略）
9. 生产、经营所得投资者个人所得税汇总申报表（略）

国家税务总局

2013年4月27日

国家税务总局关于
营业税改征增值税总分机构试点纳税人
增值税纳税申报有关事项的公告

Announcement by the State Administration of Taxation on various Issues Regarding VAT Filing by Pilot Taxpayers of Enterprises within the Headquarters and Branches under the VAT Pilot Reform

国家税务总局公告2013年第22号

根据《财政部　国家税务总局关于印发〈总分机构试点纳税人增值税计算缴纳暂行办法〉的通知》（财税〔2012〕84号）、《国家税务总局关于北京等8省市营业税改征增值税试点增值税纳税申报有关事项的公告》（国家税务总局公告2012年第43号）有关规定，现将营业税改征增值税试点期间总分机构试点纳税人增值税纳税申报有关事项公告如下：

一、经财政部和国家税务总局批准，适用财税〔2012〕84号文件，计算缴纳增值税的总机构试点纳税人（以下简称总机构）及其试点地区分支机构，应按照本公告规定进行增值税纳税申报。

二、关于总机构纳税申报事项

（一）总机构按规定汇总计算的总机构及其分支机构应征增值税销售额、销项税额、进项税额，填报在《增值税纳税申报表(适用于增值税一般纳税人)》（以下简称申报表主表）及附列资料对应栏次。

（二）按规定可以从总机构汇总计算的增值税应纳税额中抵减的分支机构已纳增值税税额、营业税税额，总机构汇总后填报在申报表主表第28栏“分次预缴税额”中。当期不足抵减部分，可结转下期继续抵减，即：当期分支机构已纳增值税税额、营业税税额大于总机构汇总计算的增值税应纳税额时，在第28栏“分次预缴税额”中只填报可抵减部分。

（三）总机构应设立相应台账，记录税款抵减情况，以备查阅。

三、关于试点地区分支机构纳税申报事项

（一）试点地区分支机构将按预征率计算缴纳增值税的销售额填报在申报表主表第5栏“按简易征收办法征税销售额”中，按预征率计算的增值税应纳税额填报在申报表主表第21栏“简易征收办法计算的应纳税额”中。

（二）调整《增值税纳税申报表附列资料（一）》（附件）内容，在“简易计税方法征税”栏目中增设“预征率　%”栏，用于试点地区分支机构预征增值税销售额、应纳税额的填报。

（三）试点地区分支机构销售货物和提供加工修理修配劳务，按增值税暂行条例及相关规定就地申报缴纳增值税的销售额、销项税额，按原有关规定填报在申报表主表及附列资料对应栏次。

（四）试点地区分支机构抄报税、认证等事项仍按现行规定执行。当期进项税额应填报在申报表主表及附列资料对应栏次，其中由总机构汇总的进项税额，须在《增值税纳税申报表附列资料（二）》第17栏“简易计税方法征税项目用”中填报转出。

四、各地税务机关应做好总分机构试点纳税人增值税纳税申报的宣传和辅导工作。

五、本公告自2013年6月1日起施行。调整后的《增值税纳税申报表附列资料(一)》同时适用于营业税改征增值税试点地区增值税一般纳税人，国家税务总局公告2012年第43号附件1中的《增值税纳税申报表附列资料（一）》同时废止。

特此公告。

附件：增值税纳税申报表附列资料（一）（略）

国家税务总局

2013年5月7日

国家税务总局关于个人投资者收购企业股权后将原盈余积累转增股本个人所得税问题的公告

Announcement by the State Administration of Taxation on a number of Issues regarding Individual Income Tax (IIT) Treatments Related to Conversion of Reserves or Undistributed Profits into Share Capital after the Completion of an Equity Acquisition by Individual Investor(s)

国家税务总局公告2013年第23号

根据《中华人民共和国个人所得税法》及有关规定，对个人投资者收购企业股权后，将企业原有盈余积累转增股本有关个人所得税问题公告如下：

一、1名或多名个人投资者以股权收购方式取得被收购企业100%股权，股权收购前，被收购企业原账面金额中的“资本公积、盈余公积、未分配利润”等盈余积累未转增股本，而在股权交易时将其一并计入股权转让价格并履行了所得税纳税义务。股权收购后，企业将原账面金额中的盈余积累向个人投资者(新股东，下同)转增股本，有关个人所得税问题区分以下情形处理：

（一）新股东以不低于净资产价格收购股权的，企业原盈余积累已全部计入股权交易价格，新股东取得盈余积累转增股本的部分，不征收个人所得税。

（二）新股东以低于净资产价格收购股权的，企业原盈余积累中，对于股权收购价格减去原股本的差额部分已经计入股权交易价格，新股东取得盈余积累转增股本的部分，不征收个人所得税；对于股权收购价格低于原所有者权益的差额部分未计入股权交易价格，新股东取得盈余积累转增股本的部分，应按照“利息、股息、红利所得”项目征收个人所得税。

新股东以低于净资产价格收购企业股权后转增股本，应按照下列顺序进行，即：先转增应税的盈余积累部分，然后再转增免税的盈余积累部分。

二、新股东将所持股权转让时，其财产原值为其收购企业股权实际支付的对价及相关税费。

三、企业发生股权交易及转增股本等事项后，应在次月 15 日内，将股东及其股权变化情况、股权交易前原账面记载的盈余积累数额、转增股本数额及扣缴税款情况报告主管税务机关。

四、本公告自发布后 30 日起施行。此前尚未处理的涉税事项按本公告执行。

特此公告。

国家税务总局

2013 年 5 月 7 日

国家税务总局
关于发布《委托代征管理办法》的公告

Announcement by the State Administration of Taxation on the Release of Administrative Measures for Tax Collection by Authorized Units or Individuals on behalf of Tax Authorities

国家税务总局公告2013年第24号

根据《中华人民共和国税收征收管理法》及其实施细则和《中华人民共和国发票管理办法》的规定，现将国家税务总局制定的《委托代征管理办法》予以发布，自 2013 年 7 月 1 日起施行。

特此公告。

国家税务总局

2013 年 5 月 10 日

委托代征管理办法

第一章　总　　则

第一条　为加强税收委托代征管理，规范委托代征行为，降低征纳成本，根据《中华人民共和国税收征收管理法》《中华人民共和国税收征收管理法实施细则》《合同法》及《中华人民共和国发票管理办法》的有关规定，制定本办法。

第二条　本办法所称委托代征，是指税务机关根据《中华人民共和国税收征收管理法实施细则》有利于税收控管和方便纳税的要求，按照双方自愿、简便征收、强化管理、依法委托的原则和国家有关规定，委托有关单位和人员代征零星、分散和异地缴纳的税收的行为。

第三条　本办法所称税务机关，是指县以上（含本级）税务局。

本办法所称代征人，是指依法接受税务机关委托、行使代征税款权利并承担《委托代征协议书》规定义务的单位或人员。

第二章　委托代征的范围和条件

第四条　委托代征范围由税务机关根据《中华人民共和国税收征收管理法实施细则》关于加强税收控管、方便纳税的规定，结合当地税源管理的实际情况确定。税务机关不得将法律、行政法规已确定的代扣代缴、代收代缴税收，委托他人代征。

第五条　税务机关确定的代征人，应当与纳税人有下列关系之一：

（一）与纳税人有管理关系；

（二）与纳税人有经济业务往来；

（三）与纳税人有地缘关系；

（四）有利于税收控管和方便纳税人的其他关系。

第六条　代征人为行政、事业、企业单位及其他社会组织的，应当同时具备下列条件：

（一）有固定的工作场所；

（二）内部管理制度规范，财务制度健全；

（三）有熟悉相关税收法律、法规的工作人员，能依法履行税收代征工作；

（四）税务机关根据委托代征事项和税收管理要求确定的其他条件。

第七条　代征税款人员，应当同时具备下列条件：

（一）具备中国国籍，遵纪守法，无严重违法行为及犯罪记录，具有完全民事行为能力；

（二）具备与完成代征税款工作要求相适应的税收业务知识和操作技能；

（三）税务机关根据委托代征管理要求确定的其他条件。

第八条　税务机关可以与代征人签订代开发票书面协议并委托代征人代开普通发票。代开发票书面协议的主要内容应当包括代开的普通发票种类、对象、内容和相关责任。

代开发票书面协议由各省、自治区、直辖市和计划单列市自行制定。

第九条　代征人不得将其受托代征税款事项再行委托其他单位、组织或人员办理。

第三章　委托代征协议的生效和终止

第十条　税务机关应当与代征人签订《委托代征协议书》，明确委托代征相关事宜。《委托代征协议书》包括以下内容：

（一）税务机关和代征人的名称、联系电话，代征人为行政、事业、企业单位及其他社会组织的，应包括法定代表人或负责人姓名、居民身份证号码和地址；代征人为自然人的，应包括姓名、居民身份证号码和户口所在地、现居住地址；

（二）委托代征范围和期限；

（三）委托代征的税种及附加、计税依据及税率；

（四）票、款结报缴销期限和额度；

（五）税务机关和代征人双方的权利、义务和责任；

（六）代征手续费标准；

（七）违约责任；

（八）其他有关事项。

代征人为行政、事业、企业单位及其他社会组织的，《委托代征协议书》自双方的法定代表人或法定代理人签字并加盖公章后生效；代征人为自然人的，《委托代征协议书》自代征人及税务机关的法定代表人签字并加盖税务机关公章后生效。

第十一条　《委托代征协议书》签订后，税务机关应当向代征人发放《委托代征证书》，并在广播、电视、报纸、期刊、网络等新闻媒体或者代征范围内纳税人相对集中的场所，公告代征人的委托代征资格和《委托代征协议书》中的以下内容：

（一）税务机关和代征人的名称、联系电话，代征人为行政、事业、企业单位及其他社会组织的，应包括法定代表人或负责人姓名和地址；代征人为自然人的，应包括姓名、户口所在地、现居住地址；

（二）委托代征的范围和期限；

（三）委托代征的税种及附加、计税依据及税率；

（四）税务机关确定的其他需要公告的事项。

第十二条 《委托代征协议书》有效期最长不得超过3年。有效期满需要继续委托代征的，应当重新签订《委托代征协议书》。

《委托代征协议书》签订后，税务机关应当向代征人提供受托代征税款所需的税收票证、报表。

第十三条 有下列情形之一的，税务机关可以向代征人发出《终止委托代征协议通知书》，提前终止委托代征协议：

（一）因国家税收法律、行政法规、规章等规定发生重大变化，需要终止协议的；

（二）税务机关被撤销主体资格的；

（三）因代征人发生合并、分立、解散、破产、撤销或者因不可抗力发生等情形，需要终止协议的；

（四）代征人有弄虚作假、故意不履行义务、严重违反税收法律法规的行为，或者有其他严重违反协议的行为；

（五）税务机关认为需要终止协议的其他情形。

第十四条 终止委托代征协议的，代征人应自委托代征协议终止之日起5个工作日内，向税务机关结清代征税款，缴销代征业务所需的税收票证和发票；税务机关应当收回《委托代征证书》，结清代征手续费。

第十五条 代征人在委托代征协议期限届满之前提出终止协议的，应当提前20个工作日向税务机关申请，经税务机关确认后按照本办法第十四条的规定办理相关手续。

第十六条 税务机关应当自委托代征协议终止之日起10个工作日内，在广播、电视、报纸、期刊、网络等新闻媒体或者代征范围内纳税人相对集中的场所，公告代征人委托代征资格终止和本办法第十一条规定需要公告的《委托代征协议书》主要内容。

第四章 委托代征管理职责

第十七条 税收委托代征工作中，税务机关应当监督、管理、检查委托代征业务，履行以下职责：

（一）审查代征人资格，确定、登记代征人的相关信息；

（二）填制、发放、收回、缴销《委托代征证书》；

（三）确定委托代征的具体范围、税种及附加、计税依据、税率等；

（四）核定和调整代征人代征的个体工商户定额，并通知纳税人和代征人执行；

（五）定期核查代征人的管户信息，了解代征户籍变化情况；

（六）采集委托代征的征收信息、纳税人欠税信息、税收票证管理情况等信息；

（七）辅导和培训代征人；

（八）在有关规定确定的代征手续费比率范围内，按照手续费与代征人征收成本相匹配的原则，确定具体支付标准，办理手续费支付手续；

（九）督促代征人按时解缴代征税款，并对代征情况进行定期检查；

（十）其他管理职责。

第十八条 税收委托代征工作中，代征人应当履行以下职责：

（一）根据税务机关确定的代征范围、核定税额或计税依据、税率代征税款，并按规定及时解缴入库；

（二）按照税务机关有关规定领取、保管、开具、结报缴销税收票证、发票，确保税收票证和发票安全；

（三）代征税款时，向纳税人开具税收票证；

（四）建立代征税款账簿，逐户登记代征税种税目、税款金额及税款所属期等内容；

（五）在税款解缴期内向税务机关报送《代征代扣税款结报单》，以及受托代征税款的纳税人当期已纳税、逾期未纳税、管户变化等相关情况；

（六）对拒绝代征人依法代征税款的纳税人，自其拒绝之时起24小时内报告税务机关；

（七）在代征税款工作中获知纳税人商业秘密和个人隐私的，应当依法为纳税人保密。

第十九条 代征人不得对纳税人实施税款核定、税收保全和税收强制执行措施，不得对纳税人进行行政处罚。

第二十条 代征人应根据《委托代征协议书》的规定向税务机关申请代征税款手续费，不得从代征税款中直接扣取代征税款手续费。

第五章 法律责任

第二十一条 代征人在《委托代征协议书》授权范围内的代征税款行为引起纳税人的争议或法律纠纷的，由税务机关解决并承担相应法律责任；税务机关拥有事后向代征人追究法律责任的权利。

第二十二条 因代征人责任未征或少征税款的，税务机关应向纳税人追缴税款，并可按《委托代征协议书》的约定向代征人按日加收未征少征税款万分之五的违约金，但代征人将纳税人拒绝缴纳等情况自纳税人拒绝之时起24小时内报告税务机关的除外。代征人违规多征税款的，由税务机关承担相应的法律责任，并责令代征人立即退还，税款已入库的，由税务机关按规定办理退库手续；代征人违规多征税款致使纳税人合法权益受到损失的，由税务机关赔偿，税务机关拥有事后向代征人追偿的权利。

代征人违规多征税款而多取得代征手续费的，应当及时退回。

第二十三条 代征人造成印有固定金额的税收票证损失的，应当按照票面金额赔偿，未按规定领取、保管、开具、结报缴销税收票证的，税务机关应当根据情节轻重，适当扣减代征手续费。

第二十四条 代征人未按规定期限解缴税款的，由税务机关责令限期解缴，并可从税款滞纳之日起按日加收未解缴税款万分之五的违约金。

第二十五条 税务机关工作人员玩忽职守，不按照规定对代征人履行管理职责，给委托代征工作造成损害的，按规定追究相关人员的责任。

第二十六条 违反《委托代征协议书》其他有关规定的，按照协议约定处理。

第二十七条 纳税人对委托代征行为不服，可依法申请税务行政复议。

第六章 附 则

第二十八条 各省、自治区、直辖市和计划单列市税务机关根据本地实际情况制定具体实施办法。

第二十九条 税务机关可以比照本办法的规定，对代售印花税票者进行管理。

第三十条 本办法自2013年7月1日起施行。

附件：1. 委托代征协议书（略）

2. 委托代征协议书使用说明（略）

3. 终止委托代征协议通知书（略）

4. 委托代征证书（略）

国家税务总局关于苏州工业园区有限合伙制创业投资企业法人合伙人企业所得税政策试点有关征收管理问题的公告

Announcement by the State Administration of Taxation on Important Tax Collection and Administration Issues related to the Pilot Corporate Income Tax (CIT) Policies for Legal Person(s) Partners of Limited Partnership Venture Capital Companies in Suzhou Industrial Park

国家税务总局公告2013年第25号

为进一步贯彻落实国家鼓励科技创新的税收优惠政策，加强征收管理工作，根据《财政部　国家税务总局关于苏州工业园区有限合伙制创业投资企业法人合伙人企业所得税试点政策的通知》（财税〔2012〕67号）以及相关规定，制定本公告。

一、注册在苏州工业园区内的有限合伙制创业投资企业的法人合伙人（以下简称法人合伙人），是指依照《中华人民共和国企业所得税法》及其实施条例以及相关规定，实行查账征收企业所得税的法人居民企业。

二、符合财税〔2012〕67号文件第三条规定条件的有限合伙制创业投资企业（以下简称创业投资企业）以股权投资方式投资于未上市中小高新技术企业，在试点期间内满2年（24个月）的，其法人合伙人可按规定享受优惠政策。

三、法人合伙人按照财税〔2012〕67号文件第二条规定计算其投资额的70%抵扣从该创业投资企业分得的应纳税所得额。如果法人合伙人在苏州工业园区内投资于多个符合条件的创业投资企业，可合并计算其可抵扣的投资额和分得的应纳税所得额。当年不足抵扣的，可结转以后纳税年度继续抵扣；当年抵扣后有结余的，应按照企业所得税法的规定计算缴纳企业所得税。

四、创业投资企业应纳税所得额的确定及分配，按照《财政部　国家税务总局关于合伙企业合伙人所得税问题的通知》（财税〔2008〕159号）相关规定执行。

五、创业投资企业应在年度终了后3个月内（2012年度可在年度终了后5个月内），按有关规定向苏州工业园区主管税务机关报送有关纳税申报的资料。

凡其法人合伙人符合享受优惠条件的创业投资企业，须同时报送《国家税务总局关于实施创业投资企业所得税优惠问题的通知》（国税发〔2009〕87号）第四条规定的备案资料、《有限合伙制创业投资企业法人合伙人应纳税所得额抵扣情况明细表》和创业投资企业的验资报告。

苏州工业园区主管税务机关受理后，负责审核该年度创业投资企业的应纳税所得额、法人合伙人的分配比例、法人合伙人分得的应纳税所得额、法人合伙人可抵扣的投资额等项目，并在《有限合伙制创业投资企业法人合伙人应纳税所得额抵扣情况明细表》盖章确认后，一份交还创业投资企业，两份由创业投资企业转交法人合伙人（其中一份由法人合伙人转交当地主管税务机关），一份由苏州工业园区主管税务机关留存。

六、法人合伙人向其所在地主管税务机关申请享受投资抵扣应纳税所得额时，除需按照国税发〔2009〕87号文件第四条的规定报送备案资料外，还需提交苏州工业园区主管税务机关受理盖章后的《有限合伙制创业投资企业法人合伙人应纳税所得额抵扣情况明细表》以及该创业投资企业的验资报告。

法人合伙人所在地主管税务机关对相关备案资料有疑义的，可向苏州工业园区主管税务机关函证或在苏州工业园区税务机关网站查询，苏州工业园区税务机关应及时回复法人合伙人所在地主管税务机关的函询。

七、苏州工业园区税务机关在执行政策过程中，须做好政策效应评估工作。各地税务机关在执行中发现问题，应及时向国家税务总局（所得税司）反馈。

八、本公告自2012年1月1日起施行。

特此公告。

附件：有限合伙制创业投资企业法人合伙人应纳税所得额抵扣情况明细表（略）

国家税务总局

2013年5月24日

国家税务总局关于电网企业电网新建项目享受所得税优惠政策问题的公告

Announcement by the State Administration of Taxation on Important Corporate Income Tax (CIT) Preferential Treatments for New Grid Construction Projects of Power Grid Enterprises

国家税务总局公告2013年第26号

经研究，现将居民企业电网新建项目享受企业所得税优惠政策的有关问题公告如下：

一、根据《中华人民共和国企业所得税法》及其实施条例的有关规定，居民企业从事符合《公共基础设施项目企业所得税优惠目录（2008年版）》规定条件和标准的电网（输变电设施）的新建项目，可依法享受“三免三减半”的企业所得税优惠政策。基于企业电网新建项目的核算特点，暂以资产比例法，即以企业新增输变电固定资产原值占企业总输变电固定资产原值的比例，合理计算电网新建项目的应纳税所得额，并据此享受“三免三减半”的企业所得税优惠政策。电网企业新建项目享受优惠的具体计算方法如下：

（一）对于企业能独立核算收入的330KV以上跨省及长度超过200KM的交流输变电新建项目和500KV以上直流输变电新建项目，应在项目投运后，按该项目营业收入、营业成本等单独计算其应纳税所得额；该项目应分摊的期间费用，可按照企业期间费用与分摊比例计算确定，计算公式为：

应分摊的期间费用＝企业期间费用 × 分摊比例

第一年分摊比例＝该项目输变电资产原值 /［（当年企业期初总输变电资产原值＋当年企业期末总输变电资产原值）/2］×（当年取得第一笔生产经营收入至当年底的月份数 /12）

第二年及以后年度分摊比例＝该项目输变电资产原值 /［（当年企业期初总输变电资产原值＋当年企业期末总输变电资产原值）/2］

（二）对于企业符合优惠条件但不能独立核算收入的其他新建输变电项目，可先依照企业所得税法及相关规定计算出企业的应纳税所得额，再按照项目投运后的新增输变电固定资产原值占企业总输变电固定资产原值的比例，计算得出该新建项目减免的应纳税所得额。享受减免的应纳税所得额计算公式为：

当年减免的应纳税所得额＝当年企业应纳税所得额 × 减免比例

减免比例＝［当年新增输变电资产原值 /（当年企业期初总输变电资产原值＋当年企业期末总输变电资产原值）/2］× 1/2 ＋（符合税法规定、享受到第二年和第三年输变电资产原值之和）/［（当年企业期初总输变电资产原值＋当年企业期末总输变电资产原值）/2］＋［（符合税法规定、享受到第四年至第六年输变电资产原值之和）/（当年企业期初总输变电资产原值＋当年企业期末总输变电资产原值）/2］× 1/2

二、依照本公告规定享受有关企业所得税优惠的电网企业，应对其符合税法规定的电网新增输变电资产按年建立台账，并将相关资产的竣工决算报告和相关项目政府核准文件的复印件于次年 3 月 31 日前报当地主管税务机关备案。

三、本公告自 2013 年 1 月 1 日起施行。居民企业符合条件的 2013 年 1 月 1 日前的电网新建项目，已经享受企业所得税优惠的不再调整；未享受企业所得税优惠的可依照本公告的规定享受剩余年限的企业所得税优惠政策。

特此公告。

国家税务总局

2013 年 5 月 24 日

国家税务总局关于油气田企业开发煤层气页岩气增值税有关问题的公告

Announcement by the State Administration of Taxation on Important VAT Issues Related to Oil and Gas Field Enterprises Engaging in the Development of Coal-bed Methane and Shale Gas

国家税务总局公告2013年第27号

现将油气田企业开发煤层气、页岩气增值税有关问题公告如下：

油气田企业从事煤层气、页岩气生产，以及为生产煤层气、页岩气提供生产性劳务，按照《油气田企业增值税管理办法》（财税〔2009〕8号）缴纳增值税。

本公告自2013年7月1日起施行。

特此公告。

国家税务总局

2013年5月30日

国家税务总局关于交通运输业和部分现代服务业营业税改征增值税试点增值税一般纳税人资格认定有关事项的公告

Announcement by the State Administration of Taxation on Several Issues Related to General VAT Taxpayer Recognition under the VAT Pilot Reform for Transportation and Important modern Service Industries

国家税务总局公告2013年第28号

根据《财政部　国家税务总局关于在全国开展交通运输业和部分现代服务业营业税改征增值税试点税收政策的通知》（财税〔2013〕37号）、《增值税一般纳税人资格认定管理办法》（国家税务总局令第22号），现就营业税改征增值税（以下简称营改增）试点纳税人增值税一般纳税人资格认定有关事项公告如下：

一、纳入营改增试点范围的交通运输业和部分现代服务业试点纳税人，应按照本公告规定办理增值税一般纳税人资格认定。

二、除本公告第三条规定的情形外，营改增试点实施前（以下简称试点实施前）应税服务年销售额满500万元的试点纳税人，应向国税主管税务机关（以下简称主管税务机关）申请办理增值税一般纳税人资格认定手续。

试点纳税人试点实施前的应税服务年销售额按以下公式换算：应税服务年销售额＝连续不超过12个月应税服务营业额合计 ÷（1+3%）

按照现行营业税规定差额征收营业税的试点纳税人，其应税服务营业额按未扣除之前的营业额计算。

三、试点实施前已取得增值税一般纳税人资格并兼有应税服务的试点纳税人，不需要重新申请认定，由主管税务机关制作、送达《税务事项通知书》，告知纳税人。

四、试点实施前应税服务年销售额不满500万元的试点纳税人，可以向主管税务机关申请增值税一般纳税人资格认定。

五、试点实施前，试点纳税人增值税一般纳税人资格认定具体办法由试点地区省、自治区、直辖市和计划单列市国家税务局根据国家税务总局令第22号和本公告制定，并报国家税务总局备案。

六、试点实施后，试点纳税人应按照国家税务总局令第22号及其相关规定，办理增值税一般纳税人资格认定。按营改增有关规定，在确定销售额时可以差额扣除的试点纳税人，其应税服务年销售额按未扣除之前的销售额计算。

七、试点纳税人兼有销售货物、提供加工修理修配劳务以及应税服务的，应税货物及劳务销售额与应税服务销售额分别计算，分别适用增值税一般纳税人资格认定标准。

八、试点纳税人取得增值税一般纳税人资格后，发生增值税偷税、骗取出口退税和虚开增值税扣税凭证等行为的，主管税务机关可以对其实行不少于6个月的纳税辅导期管理。

九、本公告自2013年8月1日起施行。《国家税务总局关于北京等8省市营业税改征增值税试点增值税一般纳税人资格认定有关事项的公告》（国家税务总局公告2012年第38号）同时废止。

特此公告。

国家税务总局

2013年5月31日

国家税务总局　海关总署
关于石脑油　燃料油生产乙烯　芳烃类
化工产品消费税退税问题的公告

Announcement by the State Administration of Taxation and the General Administration of Customs on Important Consumption Tax Refund Issues Related to Naphtha and Fuel Oils used for the Production of Certain Chemical Products such as Ethylene and Arene

国家税务总局　海关总署公告2013年第29号

根据《财政部　中国人民银行　国家税务总局关于延续执行部分石脑油　燃料油消费税政策的通知》（财税〔2011〕87号）、《财政部　中国人民银行　海关总署　国家税务总局关于完善石脑油　燃料油生产乙烯　芳烃类化工产品消费税退税政策的通知》（财税〔2013〕2号）和《国家税务总局关于发布〈用于生产乙烯、芳烃类化工产品的石脑油、燃料油退（免）消费税暂行办法〉的公告》（国家税务总局公告2012年第36号），现就用于生产乙烯、芳烃类化工产品的石脑油、燃料油消费税退税问题公告如下：

一、用石脑油、燃料油生产乙烯、芳烃类化工产品的企业（以下简称使用企业），符合下列条件的，可提请消费税退税资格备案：

（一）营业执照登记的经营范围包含生产乙烯、芳烃类化工产品；

（二）持有省级（含）以上安全生产监督管理部门颁发的危险化学品《安全生产许可证》。如使用企业处于试生产阶段，应提供省级以上安全生产监督管理部门出具的试生产备案意见书；

（三）拥有生产乙烯、芳烃类化工产品的生产装置或设备，乙烯生产企业必须具备（蒸汽）裂解装置，芳烃生产企业必须具备芳烃抽提装置；

（四）用石脑油、燃料油生产乙烯、芳烃类化工产品的产量占本企业用石脑油、燃料油生产全部产品总量的50%以上（含）；

（五）书面承诺接受税务机关和海关对产品的抽检；

（六）国家税务总局和海关总署规定的其他情形。

二、使用企业提请消费税退税资格备案，按下列规定提交《石脑油、燃料油消费税退税资格备案表》（附件1）和国家税务总局2012年第36号公告发布的《用于生产乙烯、芳烃类化工产品的石脑油、燃料油退（免）消费税暂行办法》（以下简称《暂行办法》）第七条规定的备案资料：

（一）仅以自营或委托方式进口石脑油、燃料油生产乙烯、芳烃类化工产品的，应向进口地海关提请资格备案，涉及多个进口地的，应分别向各进口地海关提请资格备案；

（二）仅以国产石脑油、燃料油生产乙烯、芳烃类化工产品的，应向主管税务机关提请资格备案；

（三）既以国产又以进口石脑油、燃料油生产乙烯、芳烃类化工产品的，应分别向主管税务机关和进口地海关提请资格备案，涉及多个进口地的，应分别向各进口地海关提请资格备案。

三、石脑油、燃料油生产企业（以下简称生产企业）销售含税石脑油、燃料油，应根据购买方企业的需要提供该油品所对应的消费税完税凭证复印件，并填制《生产企业销售含税石脑油、燃料油完税情况明细表》（附件2），于次月纳税申报期报送至主管税务机关。主管税务机关及时将此表信息录入相关系统，供使用企业主管税务机关退税核对。

生产企业销售石脑油、燃料油发生消费税欠税（包括办理消费税缓缴手续）的，未交税油品对应的增值税专用发票信息不得填写在《生产企业销售含税石脑油、燃料油完税情况明细表》中。

四、使用企业取得生产企业消费税完税凭证复印件后，应填写《使用企业外购石脑油、燃料油凭证明细表》（附件3）。

使用企业未取得生产企业消费税完税凭证复印件的，其外购油品的增值税专用发票信息不得填写在《使用企业外购石脑油、燃料油凭证明细表》中。

五、使用企业从非生产企业购进国产含税石脑油、燃料油的，应向主管税务机关提供该油品对应的增值税专用发票和消费税完税凭证复印件。经主管税务机关核实确已缴纳消费税的，使用企业应将该油品对应的增值税专用发票和消费税完税凭证等信息填写在《使用企业外购石脑油、燃料油凭证明细表》中。

上述供油企业（含生产企业和非生产企业）主管税务机关应协助使用企业主管税务机关，做好对该油品是否已缴纳消费税的核实工作。

六、使用企业应区分不同情形，按以下规定报送退税资料：

（一）仅以进口石脑油、燃料油生产乙烯、芳烃类化工产品的，应每月向进口地海关报送以下资料：

1.《使用企业外购石脑油、燃料油凭证明细表》；

2.《石脑油、燃料油生产、外购、耗用、库存月度统计表》（附件4）；

3.《乙烯、芳烃生产装置投入产出流量计统计表》（附件5）；

4.进口货物报关单、海关进口消费税专用缴款书、自动进口许可证等材料复印件。

上述企业在申请退还进口消费税时，应向进口地海关提供《用于生产乙烯、芳烃类化工产品的石脑油、燃料油进口消费税退税申请表》（附件6）。

既以国产又以进口石脑油、燃料油生产乙烯、芳烃类化工产品的使用企业，按照本公告规定经主管税务机关对进口石脑油、燃料油退税提出核对意见后，也应向进口地海关提供《用于生产乙烯、芳烃类化工产品的石脑油、燃料油进口消费税退税申请表》。

（二）仅以国产石脑油、燃料油或既以国产又以进口石脑油、燃料油生产乙烯、芳烃类化工产品的，应向主管税务机关报送以下资料：

1. 在每月纳税申报期报送的资料：

（1）《使用企业外购石脑油、燃料油凭证明细表》；

（2）《石脑油、燃料油生产、外购、耗用、库存月度统计表》；

（3）《乙烯、芳烃生产装置投入产出流量计统计表》；

（4）《使用企业外购石脑油、燃料油凭证明细表》中“外购含税油品”项“消费税完税凭证号码”所对应的消费税完税凭证的复印件；

（5）当期外购石脑油、燃料油取得的已认证普通版增值税专用发票复印件；

（6）进口货物报关单、海关进口消费税专用缴款书、自动进口许可证等材料复印件。

2. 申请退还消费税的，在当月纳税申报期结束后应报送以下资料：

（1）《用于生产乙烯、芳烃类化工产品的石脑油、燃料油消费税应退税额计算表》（附件7）；

（2）使用企业初次向主管税务机关申请进口消费税退税的，如前期已向海关申请办理过退税事项，应提供上月进口地海关受理的《石脑油、燃料油生产、外购、耗用、库存月度统计表》。

七、主管税务机关和进口地海关受理使用企业退税申请后，应及时完成以下工作：

（一）主管税务机关核对、退税工作

1. 消费税退税资料的核对

（1）《石脑油、燃料油生产、外购、耗用、库存月度统计表》中填报的乙烯类、芳烃类产品的本年累计产量占全部产品（本企业用石脑油、燃料油生产全部产品总量）的比例是否达到50%；

（2）《使用企业外购石脑油、燃料油凭证明细表》中“外购免税油品”和“外购含税油品”项的“汉字防伪版增值税专用发票”的“石脑油数量”、“燃料油数量”与主管税务机关采集认证的汉字防伪版增值税专用发票的货物名称、数量比对是否相符；

（3）《使用企业外购石脑油、燃料油凭证明细表》中“外购免税油品”和“外购含税油品”项的“普通版增值税专用发票”的“发票代码”、“发票号码”、“销货方纳税人识别号”与主管税务机关采集认证的普通版增值税专用发票信息比对是否相符。“石脑油数量、燃料油数量”与普通版增值税专用发票复印件的货物名称、数量比对是否相符；

（4）《使用企业外购石脑油、燃料油凭证明细表》中“外购含税油品”项的“销货方纳税人识别号”、“消费税完税凭证号码”与使用企业提供的生产企业消费税完税凭证复印件信息比对是否相符。使用企业从非生产企业购进油品的，《使用企业外购石脑油、燃料油凭证明细表》中“外购含税油品”项的增值税专用发票、消费税完税凭证信息与税务机关核实情况是否一致；

（5）《使用企业外购石脑油、燃料油凭证明细表》中“外购含税油品”的“发票代码”、“发票号码”、“石脑油数量”、“燃料油数量”、“消费税完税凭证号码”与《生产企业销售含税石脑油、燃料油完税情况明细表》信息比对是否相符；

（6）《使用企业外购石脑油、燃料油凭证明细表》中“外购含税油品”项“海关进口消费税专用缴款书”的“缴款书号码、税款金额、数量”与使用企业提供进口货物报关单、海关进口消费税专用缴款书、自动进口许可证等材料复印件信息比对是否相符；

（7）当期申报的《石脑油、燃料油生产、外购、耗用、库存月度统计表》“外购数量统计”项的进口石脑油、燃料油的期初库存油品数量的本期数和累计数与前一期进口地海关办理退税的期末数据是否一致；

（8）《石脑油、燃料油生产、外购、耗用、库存月度统计表》、《乙烯、芳烃生产装置投入产出流量计统计表》、《使用企业外购石脑油、燃料油凭证明细表》、《用于生产乙烯、芳烃类化工产品的石脑油、燃料油消费税应退税额计算表》表内、表间数据逻辑关系是否准确。

2. 消费税退税资料核对相符的，在《用于生产乙烯、芳烃类化工产品的石脑油、燃料油消费税应退税额计算表》中填写国产油品的本期应退税数量和本期应退税额，并签署意见；在《退（抵）税申请审批表（通用）》签署意见；根据国产石脑油、燃料油的本期应退税额开具收入退还书（预算科目：101020121）；转交当地国库部门。

3. 使用企业申请进口石脑油、燃料油退税的，主管税务机关在《用于生产乙烯、芳烃类化工产品的石脑油、燃料油消费税应退税额计算表》中填写进口油品的本期应退税数量和本期应退税额，并于签署“表书信息比对相符，表内、表间数据关系计算准确”的意见后，及时将该表及其他相关资料直接转交进口地海关；如涉及 2 个或 2 个以上进口地海关的，将以上退税资料直接转交海关总署（关税征管司）。

（二）进口地海关核对、退税工作

1. 消费税退税资料的核对

（1）对税务机关出具初核意见的退税资料进行复核；

（2）《使用企业外购石脑油、燃料油凭证明细表》中“外购含税油品”项“海关进口消费税专用缴款书”的“缴款书号码、税款金额、数量”及所对应的进口货物报关单、海关进口消费税专用缴款书、自动进口许可证等复印件信息与海关记录的相关信息比对是否相符；

（3）《石脑油、燃料油生产、外购、耗用、库存月度统计表》、《乙烯、芳烃生产装置投入产出流量计统计表》、《使用企业外购石脑油、燃料油凭证明细表》、《用于生产乙烯、芳烃类化工产品的石脑油、燃料油消费税应退税额计算表》涉及进口油品的表内、表间数据关系计算是否准确。

2. 消费税退税资料核对相符的，进口地海关在《用于生产乙烯、芳烃类化工产品的石脑油、燃料油进口消费税退税申请表》签署意见，开具收入退还书（预算科目：101020221），转交当地国库部门。

（三）消费税退税核对不符的，主管税务机关和进口地海关应及时告知使用企业并退还其退税资料。

八、生产企业、使用企业应建立石脑油、燃料油移送使用台账。分别记录自产、外购（分别登记外购含税国产、进口数量和外购国产免税数量）、移送使用石脑油、燃料油数量。

九、使用企业 2011 年 1 月 1 日至 9 月 30 日期间购进并用于乙烯、芳烃类化工产品生产的已税石脑油、燃料油，可申请办理消费税退税。

十、本公告自 2013 年 7 月 1 日起施行。此前已办理退税的，不予调整，未办理退税的，按本公告规定执行。国家税务总局 2012 年第 36 号公告第一条第三款，《暂行办法》第六条、第十二条、第十三条、第十五条、第二十二条、第二十六条第二款以及《暂行办法》的附件 1、附件 2、附件 3、附件 4、附件 5 同时废止。

特此公告。

附件：1. 石脑油、燃料油消费税退税资格备案表（略）

2. 生产企业销售含税石脑油、燃料油完税情况明细表（略）
3. 使用企业外购石脑油、燃料油凭证明细表（略）
4. 石脑油、燃料油生产、外购、耗用、库存月度统计表（略）
5. 乙烯、芳烃生产装置投入产出流量计统计表（略）
6. 用于生产乙烯、芳烃类化工产品的石脑油、燃料油进口消费税退税申请表（略）
7. 用于生产乙烯、芳烃类化工产品的石脑油、燃料油消费税应退税额计算表（略）

国家税务总局　海关总署
2013 年 5 月 29 日

国家税务总局关于出口企业申报出口货物退（免）税提供收汇资料有关问题的公告

Announcement by the State Administration of Taxation on a number of Issues Related with Providing Foreign Exchange Receipt Documents by Export Enterprises Claiming Export Refund

国家税务总局公告2013年第30号

为了准确计算、审核办理出口退(免)税，核实出口业务的真实性，防范骗取出口退税违法行为的发生，根据《国务院关于调低出口退税率加强出口退税管理的通知》（国发明电〔1995〕3 号）、《国家外汇管理局海关总署国家税务总局关于货物贸易外汇管理制度改革的公告》(国家外汇管理局公告 2012 年第 1 号）的有关规定，现将出口企业申报出口货物退（免）税提供收汇资料的有关问题公告如下：

一、出口企业申报退（免）税的出口货物，须在退（免）税申报期截止之日内收汇（跨境贸易人民币结算的为收取人民币，下同），并按本公告的规定提供收汇资料；未在退（免）税申报期截止之日内收汇的出口货物，除本公告第五条所列不能收汇或不能在出口货物退（免）税申报期的截止之日内收汇的出口货物外，适用增值税免税政策。

二、有下列情形之一的出口企业，在申报退（免）税时，对已收汇的出口货物，应填报《出口货物收汇申报表》（附件 1），并提供该货物银行结汇水单等出口收汇凭证（跨境贸易人民币结算的为收取人民币的收款凭证，原件和盖有企业公章的复印件，下同）；对暂未收汇的出口货物，生产企业应在《生产企业出口货物免、抵、退税申报明细表》的“单证不齐标志”栏（第 20 栏）中填写“W”，暂不参与免抵退税计算，待收汇并填报《出口货物收汇申报表》后，方可参与免抵退税计算；对不能收汇或不能在出口货物退（免）税申报期的截止之日内收汇的属于本公告第五条所列的出口货物，按本公告第五条的规定办理：

（一）被外汇管理部门列为B、C类企业的；

（二）被外汇管理部门列为重点监测企业的；

（三）被人民银行列为跨境贸易人民币重点监管企业的；

（四）被海关列为C、D类企业的；

（五）被税务机关评定为D级纳税信用等级的；

（六）因虚开增值税专用发票或其他增值税扣税凭证、增值税偷税、骗取国家出口退税款等原因，被税务机关给予行政处罚的；

（七）因违反进、出口管理，收、付汇管理等方面的规定，被海关、外汇管理、人民银行、商务等部门给予行政处罚的；

（八）向主管税务机关申报的不能收汇的原因为虚假的；

（九）向主管税务机关提供的出口货物收汇凭证是冒用的。

前款第（一）至第（五）项情形的执行时间(以申报退（免）税时间为准，本款下同)为主管税务机关通知之日起至情形存续期结束；前款第（六）至第（九）项情形的执行时间为主管税务机关通知之日起24个月内；出口企业并存上述若干情形的，执行时间的截止时间为情形中的最晚截止时间。

三、自2014年5月1日起，出口企业上一年度收汇率低于70%（外汇管理局、人民银行提供的企业上一年度出口收汇金额，加上企业申报并经主管税务机关审核确认的不能收汇金额合计，占企业申报退（免）税的上一年度出口货物出口额的比例）的，该出口企业当年5月至次年4月申报的退（免）税，按本公告第二条的规定执行。

四、本公告第二条、第三条所列出口企业以外的其他出口企业申报的出口货物退（免）税，可不提供出口收汇凭证，本条第二款规定的情形除外；对不能收汇或不能在出口货物退（免）税申报期的截止之日内收汇的属于本公告第五条所列的货物，按本公告第五条的规定办理。

主管税务机关在出口退（免）税审核中，发现前款出口企业申报退（免）税的出口货物存在需要进一步核实出口业务真实性的，出口企业在接到主管税务机关通知后，应填报《生产企业出口业务自查表》或《外贸企业出口业务自查表》、《出口货物收汇申报表》或《出口货物不能收汇申报表》（附件2）及相关证明材料。主管税务机关对企业报送的申报表和相关资料，按有关规定核查无误后，方可办理该笔出口货物退（免）税。

五、出口货物由于本公告附件3所列原因，不能收汇或不能在出口货物退（免）税申报期的截止之日内收汇的，如按会计制度规定须冲减出口销售收入的，在冲减销售收入后，属于本公告第二条所列出口企业应在申报退（免）税时，属于本公告第四条所列出口企业应在退（免）税申报期截止之日内，向主管税务机关报送《出口货物不能收汇申报表》，提供附件3所列原因对应的有关证明材料，经主管税务机关审核确认后，可视同收汇处理。

六、合同约定全部收汇的最终日期在出口退（免）税申报期限截止之日后的，出口企业应在合同约定最终收汇日期次月的增值税纳税申报期内，向主管税务机关提供收汇凭证，不能提供的，对应的出口货物适用增值税免税政策。

七、本公告规定的适用增值税免税政策的出口货物，出口企业应在退（免）税申报期截止之日的次月或在确定免税的次月的增值税纳税申报期，按规定向主管税务机关申报免税，前期已申报退（免）税的，出口企业应用负数申报冲减原退（免）税申报数据，并按现行会计制度的有关规定进行相应调整，出口企业当期免抵退税额（外贸企业为退税额，本条下同）不足冲减的，应补缴差额部分的税款。出口企业如果未按上述规定申报冲减的，一经主管税务机关发现，除按规定补缴已办理的免抵退税额，对出口货物增值税实行免税或征税外，还应接受主管税务机关按《中华人民共和国税收征收管理法》做出的处罚。

八、主管税务机关发现出口企业申报出口货物退（免）税提供的收汇资料存在以下情形的，除按《中华人民共和国税收征收管理法》相应的规定处罚外，相应的出口货物适用增值税征税政策，属于偷骗税的，由稽查部门查处：

（一）不能收汇的原因或证明材料为虚假的；

（二）收汇凭证是冒用的。

九、主管税务机关发现出口企业出口货物的收汇情况存在非进口商付汇等疑点的，对该笔收汇对应的出口货物暂不办理出口退（免）税；已办理退（免）税的，主管税务机关可按照所涉及的退税额对该企业其他已审核通过的等额的应退税款暂缓办理出口退（免）税，无其他应退税款或应退税款小于所涉及退税额的，可由出口企业提供差额部分的担保。待税务机关核实排除相应疑点后，方可办理退（免）税或解除担保。

十、省级国家税务局应设立评估指标、预警值，按照人民银行、外汇管理局提供的出口收汇数据，对出口企业的货物流、资金流进行定期评估、预警，凡发现出口企业申报退（免）税的出口货物结汇数据异常的，应进行核查，发现违规的，应按相应规定处理；属于偷骗税的，由稽查部门查处。

十一、本公告的出口货物，不包括《财政部 国家税务总局关于出口货物劳务增值税和消费税政策的通知》（财税〔2012〕39号）第一条第（二）项（第2目除外）、第（三）项所列的视同出口货物以及易货贸易出口货物、委托出口货物，暂不包括边境小额贸易出口货物；本公告的出口企业，不包括委托出口的企业。

十二、本公告自2013年8月1日起执行。

特此公告。

附件：1. 出口货物收汇申报表（略）

2. 出口货物不能收汇申报表（略）

3. 出口货物不能收汇的原因及证明材料（略）

国家税务总局

2013年6月9日

国家税务总局　海关总署关于实行海关进口增值税专用缴款书“先比对后抵扣”管理办法有关问题的公告

Announcement by the State Administration of Taxation and the General Administration of Customs on Implementation of Administrative Measures of “Comparison First and Credit Later” of Import VAT Payment Notes Issued by Customs Offices

国家税务总局　海关总署公告2013年第31号

为了进一步加强海关进口增值税专用缴款书（以下简称海关缴款书）的增值税抵扣管理，税务总局、海关总署决定将前期在广东等地试行的海关缴款书“先比对后抵扣”管理办法，在全国范围推广实行。现将有关事项公告如下：

一、自2013年7月1日起，增值税一般纳税人（以下简称纳税人）进口货物取得的属于增值税扣税范围的海关缴款书，需经税务机关稽核比对相符后，其增值税额方能作为进项税额在销项税额中抵扣。

二、纳税人进口货物取得的属于增值税扣税范围的海关缴款书，应按照《国家税务总局关于调整增值税扣税凭证抵扣期限有关问题的通知》（国税函〔2009〕617号）规定，自开具之日起180天内向主管税务机关报送《海关完税凭证抵扣清单》（电子数据），申请稽核比对，逾期未申请的其进项税额不予抵扣。

三、税务机关通过稽核系统将纳税人申请稽核的海关缴款书数据，按日与进口增值税入库数据进行稽核比对，每个月为一个稽核期。海关缴款书开具当月申请稽核的，稽核期为申请稽核的当月、次月及第三个月。海关缴款书开具次月申请稽核的，稽核期为申请稽核的当月及次月。海关缴款书开具次月以后申请稽核的，稽核期为申请稽核的当月。

四、稽核比对的结果分为相符、不符、滞留、缺联、重号五种。

相符，是指纳税人申请稽核的海关缴款书，其号码与海关已核销的海关缴款书号码一致，并且比对的相关数据也均相同。

不符，是指纳税人申请稽核的海关缴款书，其号码与海关已核销的海关缴款书号码一致，但比对的相关数据有一项或多项不同。

滞留，是指纳税人申请稽核的海关缴款书，在规定的稽核期内系统中暂无相对应的海关已核销海关缴款书号码，留待下期继续比对。

缺联，是指纳税人申请稽核的海关缴款书，在规定的稽核期结束时系统中仍无相对应的海关已核销海关缴款书号码。

重号，是指两个或两个以上的纳税人申请稽核同一份海关缴款书，并且比对的相关数据与海关已核销海关缴款书数据相同。

五、税务机关于每月纳税申报期内，向纳税人提供上月稽核比对结果，纳税人应向主管税务机关查询稽核比对结果信息。

对稽核比对结果为相符的海关缴款书，纳税人应在税务机关提供稽核比对结果的当月纳税申报期内申报抵扣，逾期的其进项税额不予抵扣。

六、稽核比对结果异常的处理

稽核比对结果异常，是指稽核比对结果为不符、缺联、重号、滞留。

（一）对于稽核比对结果为不符、缺联的海关缴款书，纳税人应于产生稽核结果的180日内，持海关缴款书原件向主管税务机关申请数据修改或者核对，逾期的其进项税额不予抵扣。属于纳税人数据采集错误的，数据修改后再次进行稽核比对；不属于数据采集错误的，纳税人可向主管税务机关申请数据核对，主管税务机关会同海关进行核查。经核查，海关缴款书票面信息与纳税人实际进口货物业务一致的，纳税人应在收到主管税务机关书面通知的次月申报期内申报抵扣，逾期的其进项税额不予抵扣。

（二）对于稽核比对结果为重号的海关缴款书，由主管税务机关进行核查。经核查，海关缴款书票面信息与纳税人实际进口货物业务一致的，纳税人应在收到税务机关书面通知的次月申报期内申报抵扣，逾期的其进项税额不予抵扣。

（三）对于稽核比对结果为滞留的海关缴款书，可继续参与稽核比对，纳税人不需申请数据核对。

七、纳税人应在“应交税金”科目下设“待抵扣进项税额”明细科目，用于核算已申请稽核但尚未取得稽核相符结果的海关缴款书进项税额。纳税人取得海关缴款书后，应借记“应交税金——待抵扣进项税额”明细科目，贷记相关科目；稽核比对相符以及核查后允许抵扣的，应借记“应交税金——应交增值税（进项税额）”专栏，贷记“应交税金——待抵扣进项税额”科目。经核查不得抵扣的进项税额，红字借记“应交税金——待抵扣进项税额”，红字贷记相关科目。

八、增值税纳税申报表及税务机关“一窗式”比对项目的调整

（一）自2013年7月1日起，纳税人已申请稽核但尚未取得稽核相符结果的海关缴款书进项税额填入《增值税纳税申报表》（一般纳税人适用）附表二“待抵扣进项税额”中的“海关进口增值税专用缴款书”栏。

（二）自2013年8月1日起，海关缴款书“一窗式”比对项目调整为：核对《增值税纳税申报表》（一般纳税人适用）附表二第5栏税额是否等于或小于稽核系统比对相符和核查后允许抵扣的海关缴款书税额。

九、本公告自2013年7月1日起施行，《国家税务总局关于加强海关进口增值税专用缴款书和废旧物资发票管理有关问题的通知》（国税函〔2004〕128号）、《国家税务总局关于部分地区试行海关进口增值税专用缴款书“先比对后抵扣”管理办法的通知》（国税函〔2009〕83号）、《国家税务总局关于部分地区试行海关进口增值税专用缴款书“先比对后抵扣”管理办法有关问题的通知》（国税函〔2011〕196号）同时废止。

特此公告。

国家税务总局　海关总署

2013年6月14日

国家税务总局关于
调整增值税纳税申报有关事项的公告

Announcement by the State Administration of Taxation on Important Matters related to the Adjustment of VAT Filing

国家税务总局公告2013年第32号

根据《中华人民共和国增值税暂行条例》及其实施细则、《财政部　国家税务总局关于在全国开展交通运输业和部分现代服务业营业税改征增值税试点税收政策的通知》（财税〔2013〕37号），国家税务总局对增值税纳税申报有关事项进行了调整，现公告如下：

一、中华人民共和国境内增值税纳税人均应按照本公告的规定进行增值税纳税申报。

二、纳税申报资料

纳税申报资料包括纳税申报表及其附列资料和纳税申报其他资料。

（一）纳税申报表及其附列资料

1. 增值税一般纳税人（以下简称一般纳税人）纳税申报表及其附列资料包括：

（1）《增值税纳税申报表（一般纳税人适用）》。

（2）《增值税纳税申报表附列资料（一）》（本期销售情况明细）。

（3）《增值税纳税申报表附列资料（二）》（本期进项税额明细）。

（4）《增值税纳税申报表附列资料（三）》（应税服务扣除项目明细）。

一般纳税人提供应税服务，在确定应税服务销售额时，按照有关规定可以从取得的全部价款和价外费用中扣除价款的，需填报《增值税纳税申报表附列资料（三）》。其他情况不填写该附列资料。

（5）《增值税纳税申报表附列资料（四）》（税收抵减情况表）。

（6）《固定资产进项税额抵扣情况表》。

2. 增值税小规模纳税人（以下简称小规模纳税人）纳税申报表及其附列资料包括：

（1）《增值税纳税申报表（小规模纳税人适用）》。

（2）《增值税纳税申报表（小规模纳税人适用）附列资料》。

小规模纳税人提供应税服务，在确定应税服务销售额时，按照有关规定可以从取得的全部价款和价外费用中扣除价款的，需填报《增值税纳税申报表（小规模纳税人适用）附列资料》。其他情况不填写该附列资料。

3. 上述纳税申报表及其附列资料表样和填写说明详见附件。

（二）纳税申报其他资料

1. 已开具的税控“机动车销售统一发票”和普通发票的存根联。

2. 符合抵扣条件且在本期申报抵扣的防伪税控“增值税专用发票”、“货物运输业增值税专用发票”、税控“机动车销售统一发票”的抵扣联。

按规定仍可以抵扣且在本期申报抵扣的“公路、内河货物运输业统一发票”的抵扣联。

3. 符合抵扣条件且在本期申报抵扣的海关进口增值税专用缴款书、购进农产品取得的普通发票、铁路运输费用结算单据的复印件。

按规定仍可以抵扣且在本期申报抵扣的其他运输费用结算单据的复印件。

4. 符合抵扣条件且在本期申报抵扣的中华人民共和国税收缴款凭证及其清单，书面合同、付款证明和境外单位的对账单或者发票。

5. 已开具的农产品收购凭证的存根联或报查联。

6. 纳税人提供应税服务，在确定应税服务销售额时，按照有关规定从取得的全部价款和价外费用中扣除价款的合法凭证及其清单。

7. 主管税务机关规定的其他资料。

（三）纳税申报表及其附列资料为必报资料。纳税申报其他资料的报备要求由各省、自治区、直辖市和计划单列市国家税务局确定。

三、主管税务机关应做好增值税纳税申报的宣传和辅导工作。

四、本公告自 2013 年 9 月 1 日起施行。《国家税务总局关于调整增值税纳税申报有关事项的公告》（国家税务总局公告 2011 年第 66 号）、《国家税务总局关于北京等 8 省市营业税改征增值税试点增值税纳税申报有关事项的公告》（国家税务总局公告 2012 年第 43 号）同时废止。

特此公告。

附件：1.《增值税纳税申报表（一般纳税人适用）》及其附列资料（略）
2.《增值税纳税申报表（一般纳税人适用）》及其附列资料填写说明（略）
3.《增值税纳税申报表（小规模纳税人适用）》及其附列资料（略）
4.《增值税纳税申报表（小规模纳税人适用）》及其附列资料填写说明（略）

国家税务总局
2013 年 6 月 19 日

国家税务总局关于增值税一般纳税人资格认定有关事项的公告

Announcement by the State Administration of Taxation on several Issues regarding the Recognition of General Value-Added Tax (VAT) Taxpayer

国家税务总局公告2013年第33号

根据《中华人民共和国增值税暂行条例实施细则》（财政部　国家税务总局令第 50 号）、《财政部　国家税务总局关于在全国开展交通运输业和部分现代服务业营业税改征增值税试点税收政策的通知》

（财税〔2013〕37号），现就增值税一般纳税人资格认定有关事项公告如下：

一、销售货物或者提供加工、修理修配劳务的纳税人，进行增值税一般纳税人资格认定时，其小规模纳税人资格适用条件，按照财政部、国家税务总局第50号令第二十九条："年应税销售额超过小规模纳税人标准的其他个人按小规模纳税人纳税；非企业性单位、不经常发生应税行为的企业可选择按小规模纳税人纳税"规定执行。

二、提供应税服务的营业税改征增值税试点纳税人，进行增值税一般纳税人资格认定时，其小规模纳税人资格适用条件，按照《交通运输业和部分现代服务业营业税改征增值税试点实施办法》（财税〔2013〕37号附件1）第三条第三款："应税服务年销售额超过规定标准的其他个人不属于一般纳税人；不经常提供应税服务的非企业性单位、企业和个体工商户可选择按照小规模纳税人纳税"规定执行。

三、兼有销售货物、提供加工修理修配劳务以及应税服务的纳税人，应税货物及劳务销售额与应税服务销售额分别计算，分别适用增值税一般纳税人资格认定标准。

兼有销售货物、提供加工修理修配劳务以及应税服务，且不经常发生应税行为的非企业性单位、企业和个体工商户可选择按照小规模纳税人纳税。

四、除国家税务总局另有规定外，增值税一般纳税人资格认定具体程序，按照《增值税一般纳税人资格认定管理办法》（国家税务总局令第22号）相关规定执行。

五、本公告自2013年8月1日起施行。

特此公告。

国家税务总局

2013年6月21日

国家税务总局关于实施《税收票证管理办法》若干问题的公告

Announcement by the State Administration of Taxation on Several Issues of the Implementation of Administrative Measures for Tax Tickets and Certificates

国家税务总局公告2013年第34号

《税收票证管理办法》（国家税务总局令第28号，以下简称《办法》）已经于2013年2月25日公布，自2014年1月1日起施行。现就《办法》实施的有关问题公告如下：

一、关于未纳入《办法》的几种相关凭证的使用

税务机关按照《税务代保管资金账户管理办法》（国税发〔2005〕181号）、《国家税务总局　财政部　中国人民银行关于税务代保管资金账户管理有关问题的通知》（国税发〔2007〕12号）收取税务代保管资金时使用的《税务代保管资金专用收据》及"税务代保管资金专用章"、按照《中华人民共和

国行政处罚法》当场收缴罚款时使用的财政部门统一制发的罚款收据（以下简称当场处罚罚款收据）、按照《中华人民共和国车辆购置税暂行条例》和《车辆购置税征收管理办法》（国家税务总局令第 15 号）开具的《车辆购置税完税证明》及“车购税征税专用章”，继续执行原有规定。

税务机关应当将《税务代保管资金专用收据》、当场处罚罚款收据、《车辆购置税完税证明》纳入税收票证核算范围，并且参照《办法》的规定，对《税务代保管资金专用收据》及当场处罚罚款收据按照视同现金管理的税收票证进行管理。

纳税人通过横向联网电子缴税系统缴纳税款后，银行为纳税人打印的《电子缴税付款凭证》和纳税人通过税务机关网上开票系统自行开具的《电子缴款凭证》，不属于税收票证的范畴，但是，经银行确认并加盖收讫章的《电子缴税付款凭证》、与银行对账单核对无误的《电子缴款凭证》可以作为纳税人的记账核算凭证。

二、关于几种税收票证的使用管理

（一）数据电文税收票证的使用管理

《办法》第三条第二款所称数据电文税收票证，不包括存储在税收征管系统中纸质税收票证的电子信息。

（二）《出口货物完税分割单》的使用管理

已经取得购进货物的《税收缴款书（出口货物劳务专用）》或《出口货物完税分割单》的企业将购进货物再销售给其他出口企业时，应当由销货企业凭已完税的原购进货物的《税收缴款书（出口货物劳务专用）》第二联（收据乙）或已完税的原购进货物的《出口货物完税分割单》第一联，到所在地的县（区）级国家税务局申请开具《出口货物完税分割单》。税务机关开具《出口货物完税分割单》时，必须先收回原《税收缴款书（出口货物劳务专用）》第二联（收据乙）或原《出口货物完税分割单》第一联。

（三）税收完税证明的使用管理

1. 税收完税证明分为表格式和文书式两种。按照《办法》第十七条第一款第（一）项、第（二）项、第（三）项以及国家税务总局明确规定的其他情形开具的税收完税证明为表格式；按照《办法》第十七条第一款第（四）项规定开具的税收完税证明为文书式，文书式税收完税证明不得作为纳税人的记账或抵扣凭证。

2. 《办法》第十三条第（三）项、第十七条第一款第（二）项所称扣缴义务人已经向纳税人开具的税法规定或国家税务总局认可的记载完税情况的其他凭证，是指记载车船税完税情况的交强险保单、记载储蓄存款利息所得税完税情况的利息清单等税法或国家税务总局认可的能够作为已完税情况证明的凭证。

3.《办法》第十七条第一款第（四）项所称“对纳税人特定期间完税情况出具证明”，是指税务机关为纳税人连续期间的纳税情况汇总开具完税证明的情形。税务机关按照《办法》第十七条第一款第（四）项开具完税证明时，必须确保纳税人缴、退税信息全面、准确、完整，具体开具办法由各省税务机关确定。

4. 扣缴义务人未按规定为纳税人开具税收票证的，税务机关核实税款缴纳情况后，应当为纳税人开具税收完税证明（表格式）。

（四）《印花税票销售凭证》的使用管理

税务机关、代售人销售印花税票应当同时开具《印花税票销售凭证》；税务机关印花税票销售人员、代售人向税收票证管理人员办理票款结报缴销时，应当持《印花税票销售凭证》一并办理。

三、关于税收票款的结报缴销

（一）税务机关税收票证开具人员、扣缴义务人、代征代售人按照《办法》第三十八条第二款的规定办理税收票款结报缴销手续时，应当填制《税收票款结报缴销单》，连同所收取的税款或税款汇总缴库的相关凭证（《税收缴款书（银行经收专用）》或税收完税证明（表格式）），向税收票证管理人员办理税款的结算和税收票证的结报缴销，核对无误的，双方互相签章并登记《税收票证结报缴销手册》；代征代售人和扣缴义务人还应当报送代征、代扣税款报告表，用于对代征代售、代扣代收税款的核算及手续费的支付管理。

（二）有条件的地区，税务机关应当积极引导代征代售人和扣缴义务人报送代征代售、代扣代收税款电子明细清单，列明纳税人名称、税种、税目、税款所属期、税额、已开具税收票证字号等。

四、关于新税收票证式样的启用时间

自2014年1月1日起，各地税务机关统一启用由国家税务总局根据《办法》制发的新税收票证式样，国家税务总局根据1998年国家税务总局发布的《税收票证管理办法》制发的税收票证式样、根据《国家税务总局关于电子缴税完税凭证有关问题的通知》（国税发〔2002〕155号）制发的税收电子转账专用完税证式样、根据《国家税务总局关于进一步做好个人所得税完税凭证开具工作的通知》（国税发〔2010〕63号）制发的个人所得税完税证明式样、根据《国家税务总局关于印发〈契税纳税申报表、契税完税证〉式样的通知》（国税发〔1997〕177号）制发的契税完税证式样同时废止。

本公告自2014年1月1日起施行。

特此公告。

国家税务总局

2013年6月24日

国家税务总局关于营业税改征增值税试点中文化事业建设费征收有关事项的公告

Announcement by the State Administration of Taxation on Several Issues about the Collection of Cultural construction fee in the Pilot of Replacing Business Tax with VAT

国家税务总局公告2013年第35号

根据《财政部　国家税务总局关于在全国开展交通运输业和部分现代服务业营业税改征增值税试点税收政策的通知》（财税〔2013〕37号）、《财政部　国家税务总局关于营业税改征增值税试点中文化事业建设费征收有关问题的通知》（财综〔2012〕68号）、《财政部　国家税务总局关于营业税改征增值税试点中文化事业建设费征收有关问题的补充通知》（财综〔2012〕96号）的规定，现将营业税改征增值税（以下简称营改增）试点中文化事业建设费征收有关事项公告如下：

一、按照财税〔2013〕37号文件规定，纳入营改增试点范围，适用财综〔2012〕68号文件通知，缴纳和扣缴文化事业建设费的单位和个人，应按照《国家税务总局关于营业税改征增值税试点文化事业建设费缴费信息登记有关事项的公告》(国家税务总局公告2012年第50号)、《国家税务总局关于营业税改征增值税试点文化事业建设费申报有关事项的公告》(国家税务总局公告2012年第51号)的规定，向主管税务机关申报办理文化事业建设费缴费信息登记和申报缴纳文化事业建设费。

二、营改增试点期间，适用财综〔2012〕96号文件第三条规定，免征文化事业建设费的个人（包括个体工商户和其他个人），可以不进行文化事业建设费申报。

三、主管税务机关应做好文化事业建设费政策宣传工作。

四、本公告自2013年8月1日起施行。

特此公告。

国家税务总局

2013年6月28日

主要涉税文件目录

（2013年第2季度）

Catalogue of the Main Tax Documents in the Second Quarter of 2013

序号	名　　称	文　　号
1	财政部　国家税务总局关于成都双流等3个机场民航国际航班使用保税航空燃油有关税收政策的通知	财税〔2013〕1号
2	财政部　国家税务总局　中宣部关于下发13家名称变更后继续享受税收优惠政策的转制文化企业名单的通知	财税〔2013〕17号
3	财政部　国家税务总局关于对城市公交站场道路客运站场免征城镇土地使用税的通知	财税〔2013〕20号
4	财政部　国家税务总局　民政部关于确认实事助学基金会2013年度公益性捐赠税前扣除资格的通知	财税〔2013〕22号
5	财政部　国家税务总局关于享受资源综合利用增值税优惠政策的纳税人执行污染物排放标准有关问题的通知	财税〔2013〕23号
6	财政部　国家税务总局关于确认中国红十字会总会　中华全国总工会和中国宋庆龄基金会2012年度公益性捐赠税前扣除资格的通知	财税〔2013〕29号
7	财政部　国家税务总局关于在全国开展交通运输业和部分现代服务业营业税改征增值税试点税收政策的通知	财税〔2013〕37号
8	国家税务总局关于金融机构销售贵金属增值税有关问题的公告	国家税务总局公告2013年第13号
9	国家税务总局关于《中华人民共和国政府和丹麦王国政府对所得避免双重征税和防止偷漏税的协定》及议定书生效执行的公告	国家税务总局公告2013年第14号
10	国家税务总局关于纳税人投资政府土地改造项目有关营业税问题的公告	国家税务总局公告2013年第15号
11	国家税务总局关于中国银行股份有限公司等4家企业二级分支机构名单的公告	国家税务总局公告2013年第16号
12	国家税务总局关于旅店业和饮食业纳税人销售非现场消费食品增值税有关问题的公告	国家税务总局公告2013年第17号
13	国家税务总局关于发布《国家税务总局定点联系企业名册管理办法》的公告	国家税务总局公告2013年第18号
14	国家税务总局关于非居民企业派遣人员在中国境内提供劳务征收企业所得税有关问题的公告	国家税务总局公告2013年第19号
15	国家税务总局关于中澳税收协定适用于澳大利亚新增税种的公告	国家税务总局公告2013年第20号
16	国家税务总局关于发布个人所得税申报表的公告	国家税务总局公告2013年第21号
17	国家税务总局关于营业税改征增值税总分机构试点纳税人增值税纳税申报有关事项的公告	国家税务总局公告2013年第22号

（续表）

序号	名　称	文　号
18	国家税务总局关于个人投资者收购企业股权后将原盈余积累转增股本个人所得税问题的公告	国家税务总局公告 2013 年第 23 号
19	国家税务总局关于发布《委托代征管理办法》的公告	国家税务总局公告 2013 年第 24 号
20	国家税务总局关于苏州工业园区有限合伙制创业投资企业法人合伙人企业所得税政策试点有关征收管理问题的公告	国家税务总局公告 2013 年第 25 号
21	国家税务总局关于电网企业电网新建项目享受所得税优惠政策问题的公告	国家税务总局公告 2013 年第 26 号
22	国家税务总局关于油气田企业开发煤层气　页岩气增值税有关问题的公告	国家税务总局公告 2013 年第 27 号
23	国家税务总局关于交通运输业和部分现代服务业营业税改征增值税试点增值税一般纳税人资格认定有关事项的公告	国家税务总局公告 2013 年第 28 号
24	国家税务总局　海关总署关于石脑油　燃料油生产乙烯　芳烃类化工产品消费税退税问题的公告	国家税务总局　海关总署公告 2013 年第 29 号
25	国家税务总局关于出口企业申报出口货物退（免）税提供收汇资料有关问题的公告	国家税务总局公告 2013 年第 30 号
26	国家税务总局　海关总署关于实行海关进口增值税专用缴款书“先比对后抵扣”管理办法有关问题的公告	国家税务总局　海关总署公告 2013 年第 31 号
27	国家税务总局关于调整增值税纳税申报有关事项的公告	国家税务总局公告 2013 年第 32 号
28	国家税务总局关于增值税一般纳税人资格认定有关事项的公告	国家税务总局公告 2013 年第 33 号
29	国家税务总局关于实施《税收票证管理办法》若干问题的公告	国家税务总局公告 2013 年第 34 号
30	国家税务总局关于营业税改征增值税试点中文化事业建设费征收有关事项的公告	国家税务总局公告 2013 年第 35 号
31	国家税务总局　财政部关于冠名发票印制费结算问题的通知	税总发〔2013〕53 号
32	国家税务总局关于做好税务系统职能转变工作的通知	税总发〔2013〕56 号
33	国家税务总局关于印发《税收违法案件发票协查管理办法（试行）》的通知	税总发〔2013〕66 号
34	国家税务总局关于进一步做好土地增值税征管工作的通知	税总发〔2013〕67 号
35	国家税务总局关于印发《2013 年税务系统执法监察和效能监察工作要点》的通知	税总函〔2013〕158 号
36	国家税务总局关于湖北等省市国家税务局执行内地与香港税收安排股息条款涉及受益所有人案例的处理意见	税总函〔2013〕165 号

2013年上半年全国主要经济指标

Nationwide Main Economic Indicators in the First Half of 2013

指标	单位	6月		累计	
		绝对额	比上年同期（±%）	绝对额	比上年同期（±%）
1. 国内生产总值	亿元			248009.2	7.6
2. 规模以上工业增加值	亿元		8.9		9.3
其中：国有及国有控股企业	亿元		6.3		5.2
其中：集体企业	亿元		1.7		5.0
股份制企业	亿元		10.5		10.9
外商及港澳台投资企业	亿元		7.8		7.4
3. 工业产品销售率	%	97.5	0.3	97.5	0.0
4. 规模以上工业企业利润总额	亿元	5024.2	6.3	25836.6	11.1
5. 固定资产投资额（不含农户）	亿元	50107.0	19.9	181317.6	20.1
其中：房地产	亿元	10029.9	19.4	36827.9	20.3
6. 商品房销售额	亿元	7512.4	17.7	33376.4	43.2
7. 财政收入	亿元	12376.9	12.1	68590.5	7.5
8. 财政支出	亿元	13103.7	3.0	59714.0	10.8
9. 金融机构各项存款月末余额	亿元			1009128.0	14.3
其中：城乡居民储蓄存款	亿元			436697.1	14.5
10. 金融机构各项贷款月末余额	亿元			680813.6	14.1
11. 出口商品总值	亿美元	1743.0	–3.1	10528.0	10.4
其中：一般贸易	亿美元	902.0	1.6	5063.0	10.0
12. 进口商品总值	亿美元	1472.0	–0.7	9449.0	6.7
其中：一般贸易	亿美元	871.0	3.5	5296.0	3.0
13. 发电量	亿度	4253.0	6.0	24342.0	4.4
14. 全社会货运量	亿吨	37.7	11.0	208.9	9.3
15. 社会消费品零售总额	亿元	18826.7	13.3	110764.3	12.7
16. 股票成交金额	亿元	28542.8	18.8	211639.0	21.0
17. 全国居民消费价格指数	%	102.7	2.7	102.4	2.4
18. 工业生产者出厂价格指数	%	97.3	–2.7	97.8	–2.2
19. 商品零售价格指数	%	101.4	1.4	101.2	1.2
20. 工业生产者购进价格指数	%	97.4	–2.6	97.6	–2.4

数据来源：国家统计局（http://www.stats.gov.cn）。

2013年上半年工业增加值增长速度

Growth Rate of Added Value on Industry in the First Half of 2013

指标名称	比上年同期增长(%)	
	6 月	累 计
工业增加值	8.9	9.3
其中：采矿业	5.8	7.3
制造业	9.6	10.0
电力、燃气和水的生产和供应业	6.6	5.0
其中：国有及国有控股企业	6.3	5.2
其中：私营企业	10.9	13.1
其中：集体企业	1.7	5.0
股份合作企业	8.9	7.6
股份制企业	10.5	10.9
外商及港澳台商投资企业	7.8	7.4

数据来源：国家统计局（http://www.stats.gov.cn）。

2013年上半年工业主要产品产量及增长速度

Output and Growth Rate of Major Industrial Products in the First Half of 2013

指标名称	单 位	6 月	累 计	同比增长(%)	
				6 月	累 计
天然原油	万吨	1744.3	10361.5	7.1	4.3
铁矿石原矿	万吨	12925.2	64639.9	2.6	7.5
磷矿石	万吨	1002.3	4875.3	1.5	8.8
原盐	万吨	849.5	2959.5	-2.2	-0.4
成品糖	万吨	20.8	1090.7	8.3	14.7
软饮料	万吨	1379.3	7070.8	9.2	13.8
纱	万吨	304.4	1670.7	5.5	8.8
布	亿米	60.2	320.0	5.2	9.0
蚕丝及交织机织物	万米	8418.3	48108.7	-15.9	2.0
机制纸及纸板	万吨	1027.3	5912.7	-1.2	1.1
新闻纸	万吨	30.7	192.5	1.3	-1.3

（续表）

指标名称	单 位	6 月	累 计	同比增长(%)	
				6 月	累 计
汽油	万吨	803.6	4885.3	15.3	14.1
煤油	万吨	199.7	1190.8	21.4	16.0
柴油	万吨	1396.2	8563.0	3.4	0.1
焦炭	万吨	4104.7	23658.5	5.7	7.4
硫酸	万吨	685.1	4024.9	0.8	7.3
烧碱（折100%）	万吨	232.1	1406.0	6.3	4.7
纯碱(碳酸钠)	万吨	201.5	1215.0	0.9	–0.3
农用氮、磷、钾化肥（折纯）	万吨	704.2	4017.6	2.1	8.6
化学农药原药	万吨	30.5	163.3	9.7	4.7
乙烯	万吨	131.6	794.5	11.1	4.6
初级形态的塑料	万吨	496.1	2830.4	1.2	7.8
合成洗涤剂	万吨	85.2	466.5	7.4	10.9
化学纤维	万吨	360.2	1990.1	8.3	5.8
塑料制品	万吨	558.8	2929.8	4.6	8.2
水泥	万吨	22753.5	109606.9	8.8	9.7
平板玻璃	万重量箱	7096.7	38987.2	18.5	10.8
生铁	万吨	5833.9	35753.7	2.9	5.7
粗钢	万吨	6466.4	38987.3	4.6	7.4
钢材	万吨	9083.5	51696.4	7.2	10.2
十种有色金属	万吨	342.9	1946.8	6.7	10.0
氧化铝	万吨	382.5	2138.5	6.1	10.0
铜材	万吨	136.8	685.1	23.2	21.8
铝材	万吨	355.9	1821.7	23.8	24.6
工业锅炉	蒸发量吨	49445.6	250826.0	6.7	7.4
发动机	万千瓦	13662.8	85634.8	11.9	11.7
金属切削机床	万台	6.7	36.0	–6.9	–12.4
电动手提式工具	万台	1995.7	11240.3	–8.9	–6.7
金属冶炼设备	吨	100762.2	415120.7	31.8	5.9
水泥专用设备	吨	85250.1	492174.8	10.3	7.6

（续表）

指标名称	单 位	6 月	累 计	同比增长(%)	
				6 月	累 计
饲料生产专用设备	台	32982.0	280874.0	–16.3	13.0
包装专用设备	台	9527.0	47692.0	1.9	4.5
大型拖拉机	台	6664.0	33133.0	17.9	1.5
中型拖拉机	台	35969.0	295966.0	9.6	10.0
小型拖拉机	万台	16.2	97.6	7.3	8.4
大气污染防治设备	台	8113.0	38930.0	–9.5	8.0
铁路机车	辆	90.0	413.0	–60.9	–46.1
汽车	万辆	185.2	1157.1	13.5	15.2
民用钢质船舶	万载重吨	526.7	2942.2	–49.9	–28.1
发电设备	万千瓦	1654.2	6315.0	–1.6	–5.1
交流电动机	万千瓦	2382.1	12655.2	5.5	0.3
家用洗衣机	万台	559.0	3331.4	15.2	6.9
家用电冰箱	万台	920.4	5018.1	6.1	18.5
家用冷柜	万台	190.8	1054.6	7.5	17.0
房间空气调节器	万台	1316.3	7886.9	15.9	0.1
程控交换机	万线	280.8	1371.2	11.5	–3.6
传真机	万部	12.8	67.1	–60.1	–56.3
移动通信基站设备	万信道	1415.7	5789.3	10.8	–5.7
移动通信手持机	万台	11809.5	67899.0	24.5	22.6
电子计算机整机	万台	2790.0	16638.9	5.0	7.1
微型计算机设备	万台	2518.7	15151.5	2.8	6.4
集成电路	亿块	81.1	421.2	10.6	9.8
彩色电视机	万台	974.6	6012.3	4.1	5.2
电工仪器仪表	万台	1122.3	5370.3	11.1	0.9
复印和胶版印制设备	万台	54.1	292.8	0.7	–6.9
发电量	亿千瓦小时	4252.6	24341.6	6.0	4.4
火力发电量	亿千瓦小时	3240.1	19955.1	4.9	2.6
水力发电量	亿千瓦小时	814.8	3291.0	5.7	11.8

数据来源：国家统计局（http://www.stats.gov.cn）。

2013年上半年工业分大类行业增加值增长速度

Growth Rate of Added Value on Industry of Major Category's in the First Half of 2013

大类行业	比上年同期增长（%）	
	6月	累计
总计	8.9	9.3
煤炭开采和洗选业	4.1	7.4
石油和天然气开采业	5.1	2.5
黑色金属矿采选业	10.2	16.9
有色金属矿采选业	8.2	9.5
非金属矿采选业	9.6	12.0
开采辅助活动	7.4	10.2
其他采矿业	4.9	8.2
农副食品加工业	8.7	9.1
食品制造业	12.0	11.8
酒、饮料和精制茶制造业	7.7	9.7
烟草制品业	8.4	5.0
纺织业	8.0	9.6
纺织服装、服饰业	5.8	7.5
皮革、毛皮、羽毛及其制品和制鞋业	8.3	8.0
木材加工和木、竹、藤、棕、草制品业	11.2	12.9
家具制造业	6.8	8.5
造纸和纸制品业	6.3	7.7
印刷和记录媒介复制业	9.4	11.2
文教、工美、体育和娱乐用品制造业	12.0	12.2
石油加工、炼焦和核燃料加工业	11.3	6.3

（续表）

大类行业	比上年同期增长（%）	
	6月	累计
化学原料和化学制品制造业	11.2	11.8
医药制造业	11.2	12.8
化学纤维制造业	12.8	9.7
橡胶和塑料制品业	10.9	11.1
非金属矿物制品业	11.5	11.5
黑色金属冶炼和压延加工业	7.7	9.7
有色金属冶炼和压延加工业	12.2	12.8
金属制品业	11.5	12.7
通用设备制造业	9.9	9.2
专用设备制造业	7.6	7.2
汽车制造业	10.6	11.7
铁路、船舶、航空航天和其他运输设备制造业	–0.8	2.2
电气机械和器材制造业	8.1	9.9
计算机、通信和其他电子设备制造业	11.8	11.4
仪器仪表制造业	12.9	12.8
其他制造业	2.0	3.9
废弃资源综合利用业	11.9	19.5
金属制品、机械和设备修理业	11.3	9.6
电力、热力生产和供应业	6.2	4.4
燃气生产和供应业	15.6	13.8
水的生产和供应业	4.9	6.2

数据来源：国家统计局（http://www.stats.gov.cn）。

2013年上半年全社会客货运输量

Volume of Transportation of Passengers and Cargoes in the First Half of 2013

指　　标	单　位	6 月	比上年同月增长（%）	1-6月	比上年同期增长（%）
货运量合计	亿吨	37.74	11.0	208.86	9.3
铁　　路	亿吨	3.13	–0.7	19.43	–2.8
公　　路	亿吨	30.37	12.6	165.88	11.3
水　　运	亿吨	4.23	9.0	23.52	7.0
民　　航	万吨	43.76	0.6	262.45	3.0
货物周转量合计	亿吨公里	15180.21	4.7	84480.06	3.7
铁　　路	亿吨公里	2282.95	–2.1	14316.21	–3.0
公　　路	亿吨公里	5820.72	13.2	30489.37	12.8
水　　运	亿吨公里	7062.97	0.8	39595.50	–0.1
民　　航	亿吨公里	13.56	0.3	78.99	3.3
客运量合计	亿人	32.47	5.3	197.21	5.7
铁　　路	亿人	1.80	11.2	10.18	10.9
公　　路	亿人	30.15	4.9	184.16	5.4
水　　运	亿人	0.23	0.4	1.19	0.6
民　　航	亿人	0.29	13.0	1.68	11.0
旅客周转量合计	亿人公里	2966.51	8.1	17575.58	7.8
铁　　路	亿人公里	911.64	8.5	5223.57	7.6
公　　路	亿人公里	1592.02	6.1	9630.54	6.7
水　　运	亿人公里	6.44	–0.9	33.74	–2.6
民　　航	亿人公里	456.41	14.9	2687.73	12.7
沿海规模以上港口货物吞吐量	亿吨	6.08	11.8	35.97	9.9
其中：外贸货物吞吐量	亿吨	2.50	9.5	14.91	7.9

数据来源：国家统计局（http://www.stats.gov.cn）。

2013年上半年固定资产投资（不含农户）情况

Fixed Assets in Investment (Farmer Households Excluded) in the First Half of 2013

项　目	实　际　完　成		比　重（%）	
	自年初累计（亿元）	比上年同期增长（%）	自年初累计	上年同期
固定资产投资完成额	181317.60	20.1	100.0	100.0
其中：国有及国有控股	57342.13	17.5	31.6	32.5
其中：房地产开发	36827.94	20.3	20.3	20.3
1. 按产业分				
第一产业	3883.96	33.5	2.1	1.9
第二产业	78051.63	15.6	43.0	44.7
第三产业	99382.02	23.5	54.8	53.3
2. 按隶属关系分				
中央项目	8338.08	9.7	4.6	5.0
地方项目	172979.52	20.7	95.4	95.0
3. 按建设性质分				
其中：新　建	91035.71	22.1	50.2	49.4
扩　建	22674.74	12.4	12.5	13.4
改　建	23816.55	24.3	13.1	12.7
4. 按构成分				
建筑安装工程	121246.45	24.2	66.9	64.7
设备工器具购置	36249.44	18.0	20.0	20.4
其他费用	23821.71	5.5	13.1	15.0
5. 房屋面积（万平方米）				
施工面积	910444.67	16.5		
其中：住宅	457256.15	10.9		
竣工面积	70580.37	8.7		
其中：住宅	34430.88	5.4		
6. 新增固定资产	73550.21	23.1		

注：1. “固定资产投资（不含农户）”等于原口径的城镇固定资产投资加上农村企事业组织项目投资。

2. 按建设性质分组的投资不含房地产开发投资。

3. 房地产开发按房地产企业进行统计。

4. 数据来源：国家统计局（http://www.stats.gov.cn）。

2013年上半年各行业固定资产投资（不含农户）情况

Fixed Assets in Investment (Farmer Households Excluded) by Industry in the First Half of 2013

主要行业	投资额		比重（以全国总计为100）	
	自年初累计（亿元）	比上年同期增长（%）	自年初累计	上年同期
全国总计	181317.60	20.1	100.0	100.0
（一）农、林、牧、渔业	4877.02	33.5	2.7	2.4
农业	1698.84	31.7	0.9	0.9
林业	688.04	34.2	0.4	0.3
畜牧业	1186.2	32.1	0.7	0.6
渔业	310.87	48.2	0.2	0.1
农、林、牧、渔服务业	993.07	33.5	0.5	0.5
（二）采矿业	5453.74	8.8	3.0	3.3
其中：煤炭开采和洗选业	2049.04	–2.5	1.1	1.4
石油和天然气开采业	1054.62	25.7	0.6	0.6
黑色金属矿采选业	678.94	7.8	0.4	0.4
有色金属矿采选业	706.59	6.5	0.4	0.4
非金属矿采选业	775.96	18.4	0.4	0.4
（三）制造业	63256.75	17.1	34.9	35.8
农副食品加工业	3440.00	25.9	1.9	1.8
食品制造业	1511.31	15.7	0.8	0.9
酒、饮料和精制茶制造业	1418.11	38.6	0.8	0.7
烟草制品业	112.27	10.9	0.1	0.1
纺织业	2026.46	10.7	1.1	1.2
纺织服装、服饰业	1306.02	18.6	0.7	0.7
皮革、毛皮、羽毛及其制品和制鞋业	687.90	23.8	0.4	0.4
木材加工及木、竹、藤、棕、草制品业	1207.88	25.2	0.7	0.6
家具制造业	797.74	26.6	0.4	0.4
造纸及纸制品业	1118.30	12.6	0.6	0.7
印刷和记录媒介复制业	549.15	22.7	0.3	0.3
文教、工美、体育和娱乐用品制造业	603.98	32.3	0.3	0.3
石油加工、炼焦和核燃料加工业	1315.43	21.3	0.7	0.7
化学原料和化学制品制造业	5747.49	14.3	3.2	3.3
医药制造业	1947.06	33.7	1.1	1.0
化学纤维制造业	451.41	19.4	0.2	0.3
橡胶和塑料制品业	2254.76	21.0	1.2	1.2
非金属矿物制品业	5961.88	13.5	3.3	3.5
黑色金属冶炼和压延加工业	2355.68	3.3	1.3	1.5
有色金属冶炼和压延加工业	2385.93	25.0	1.3	1.3
金属制品业	3047.17	16.5	1.7	1.7
通用设备制造业	4452.98	16.9	2.5	2.5
专用设备制造业	4341.72	20.0	2.4	2.4
汽车制造业	4020.15	14.4	2.2	2.3

（续表）

主 要 行 业	投 资 额		比重（以全国总计为100）	
	自年初累计（亿元）	比上年同期增长（%）	自年初累计	上年同期
铁路、船舶、航空航天和其他运输设备制造业	1184.19	12.6	0.7	0.7
电气机械和器材制造业	3998.55	5.9	2.2	2.5
计算机、通信和其他电子设备制造业	3150.6	22.4	1.7	1.7
仪器仪表制造业	587.51	–0.9	0.3	0.4
其他制造业	691.61	10.3	0.4	0.4
废弃资源综合利用业	447.43	54.5	0.2	0.2
金属制品、机械和设备修理业	136.09	–10.4	0.1	0.1
（四）电力、热力、燃气及水的生产和供应业	7860.97	14.5	4.3	4.5
电力、热力生产和供应业	5921.59	9.6	3.3	3.6
燃气生产和供应业	863.80	42.6	0.5	0.4
水的生产和供应业	1075.57	25.7	0.6	0.6
（五）建筑业	1778.65	–4.9	1.0	1.2
（六）批发和零售业	5209.20	33.6	2.9	2.6
（七）交通运输、仓储和邮政业	13456.07	21.5	7.4	7.3
其中：铁路运输业	1791.30	22.2	1.0	1.0
道路运输业	7983.42	19.7	4.4	4.4
水上运输业	819.89	–5.4	0.5	0.6
航空运输业	525.44	26.9	0.3	0.3
管道运输业	133.48	130.5	0.1	
仓储业	1769.20	37.8	1.0	0.9
（八）住宿和餐饮业	2591.78	25.0	1.4	1.4
（九）信息传输、软件和信息技术服务业	1109.19	14.9	0.6	0.6
其中：电信、广播电视和卫星传输服务	568.92	1.1	0.3	0.4
（十）金融业	507.42	–6.4	0.3	0.4
（十一）房地产业	47588.44	22.9	26.2	25.7
（十二）租赁和商务服务业	2473.23	36.0	1.4	1.2
（十三）科学研究和技术服务业	1237.48	16.0	0.7	0.7
（十四）水利、环境和公共设施管理业	14882.42	31.3	8.2	7.5
水利管理业	1937.13	31.0	1.1	1.0
生态保护和环境治理业	583.03	31.8	0.3	0.3
公共设施管理业	12362.26	31.3	6.8	6.2
（十五）居民服务、修理和其他服务业	882.03	13.3	0.5	0.5
（十六）教育	2324.24	23.0	1.3	1.3
（十七）卫生和社会工作	1320.88	23.1	0.7	0.7
其中：卫生	1082.59	19.2	0.6	0.6
（十八）文化、体育和娱乐业	2182.22	32.7	1.2	1.1
其中：文化艺术业	983.65	47.1	0.5	0.4
（十九）公共管理、社会保障和社会组织	2325.87	–10.6	1.3	1.7

数据来源：国家统计局（http://www.stats.gov.cn）。

2013年上半年社会消费品零售总额

Total Retail Sales of Consumer Goods in the First Half of 2013

单位：亿元

	6 月	比上年同月增长（%）	累　计	比上年同期增长（%）
社会消费品零售总额	18826.7	13.3	110764.3	12.7
（一）按经营地分				
城　镇	16244.6	13.0	95789.1	12.5
乡　村	2582.1	15.1	14975.2	14.3
（二）按消费形态分				
商品零售	16767.4	13.8	98969.6	13.2
餐饮收入	2059.3	9.5	11794.7	8.7

数据来源：国家统计局（http://www.stats.gov.cn）。

2013年上半年居民消费价格分类指数

Consumer Price Index (CPI) by Category in the First Half of 2013

项目名称	上年6月=100			上年同期=100		
	全国	城市	农村	全国	城市	农村
居民消费价格指数	102.7	102.6	102.8	102.4	102.4	102.5
一、食　品	104.9	104.9	105.1	104.0	103.8	104.3
粮　食	105.1	105.1	105.2	105.1	105.0	105.3
肉禽及其制品	104.8	105.0	104.2	102.9	103.2	102.2
蛋	100.3	100.3	100.5	111.3	111.2	111.6
水产品	103.1	103.2	102.4	103.2	102.8	104.6
鲜　菜	109.7	109.1	111.7	102.3	101.8	104.1
鲜　果	111.4	110.9	113.0	104.1	103.9	104.9
二、烟酒及用品	100.3	100.0	100.8	100.8	100.6	101.4
三、衣　着	102.3	102.2	102.6	102.4	102.3	102.6
四、家庭设备用品及服务	101.5	101.6	101.3	101.6	101.7	101.3
五、医疗保健及个人用品	101.4	101.2	102.0	101.6	101.5	102.0
六、交通和通信	99.3	99.1	99.8	99.4	99.3	100.0
七、娱乐教育文化用品及服务	101.4	101.3	101.6	101.4	101.3	101.6
八、居　住	103.1	103.3	102.5	102.9	103.2	102.2

数据来源：国家统计局（http://www.stats.gov.cn）。

2013年上半年商品零售价格分类指数

Commodity Retail Price Index by Category in the First Half of 2013

报表所属期：2013年6月

项目	上年同月=100			上年同期=100		
	全国	城市	农村	全国	城市	农村
商品零售价格指数	101.4	101.3	101.8	101.2	101.0	101.6
一、食　品	105.0	104.9	105.0	104.0	103.9	104.3
二、饮料、烟酒	100.5	100.2	101.2	101.2	101.0	101.7
三、服装、鞋帽	102.2	102.0	102.6	102.3	102.3	102.5
四、纺织品	101.2	101.1	101.2	101.0	101.0	101.1
五、家用电器及音像器材	98.2	97.9	98.9	98.1	97.9	98.7
六、文化办公用品	98.7	98.4	99.9	98.4	98.1	99.6
七、日用品	100.7	100.6	101.2	101.1	101.0	101.3
八、体育娱乐用品	100.6	100.5	100.8	100.9	100.9	101.0
九、交通、通信用品	97.1	96.9	98.0	96.9	96.6	97.8
十、家具	101.1	101.2	100.7	101.1	101.1	100.8
十一、化妆品	101.5	101.5	101.6	102.0	102.0	102.0
十二、金银珠宝	93.1	93.1	93.5	97.2	97.2	97.2
十三、中西药品及医疗保健用品	101.2	101.3	100.8	100.9	101.0	100.7
十四、书报杂志及电子出版物	101.4	101.3	101.9	101.5	101.3	102.1
十五、燃料	99.4	99.5	99.2	99.2	99.2	99.2
十六、建筑材料及五金电料	100.3	100.3	100.3	100.1	100.1	100.1

数据来源：国家统计局（http://www.stats.gov.cn）。

2013年上半年消费者信心指数

Consumer Confidence Index in the First Half of 2013

日　期	消费者预期指数	消费者满意指数	消费者信心指数
2011.06	111.4	103.2	108.1
2011.07	111.8	96.2	105.6
2011.08	110.4	96.9	105.0
2011.09	108.9	95.2	103.4
2011.10	106.3	91.8	100.5
2011.11	101.7	90.0	97.0
2011.12	105.3	93.2	100.5
2012.01	109.3	95.8	103.9
2012.02	110.9	96.1	105.0
2012.03	106.6	90.2	100.0
2012.04	108.5	94.7	103.0
2012.05	108.9	97.1	104.2
2012.06	103.2	93.3	99.3
2012.07	101.5	93.3	98.2
2012.08	103.7	93.0	99.4
2012.09	104.0	96.0	100.8
2012.10	109.3	101.2	106.1
2012.11	109.4	98.6	105.1
2012.12	107.6	97.8	103.7
2013.01	110.1	96.1	104.5
2013.02	113.3	100.6	108.2
2013.03	107.9	94.5	102.6
2013.04	108.1	97.1	103.7
2013.05	102.7	93.4	99.0

注： 1. 数据来源：国家统计局（http://www.stats.gov.cn）。

2. 编制方法及简要分析参见www.cemac.org.cn。

3. 截至发稿前，国家统计局尚未公布2013年6月数据，以上数据截至2013年5月。

消费者信心指数补充说明:

1. 消费者信心指数数据系列取值范围为0–200，100为临界值，100以上为信心较足，100以下为信心不足。
2. 2009年11月前的数据为用1996年=100作了标准化处理（1996年6月：消费者预期指数为115.2，消费者满意指数为118.9，消费者信心指数为116.7）。
3. 历史数据换算：2009年11月以前的消费者信心系列指数（简称Bi），新的消费者信心系列指数（简称Ai）=1996年6月的消费者信心系列指数×Bi/100；例：Ai（新的2009年11月消费者预期指数）=115.2（1996年6月的消费者预期指数）×89.4（Bi,旧的消费者预期指数值）/100=103。

2013年上半年宏观经济景气指数

Macro-Economic Climate Index in the First Half of 2013

日期	预警指数	一致指数（1996年=100）	先行指数（1996年=100）	滞后指数（1996年=100）
2012.04	87.3	97.9	99.9	98.0
2012.05	84.7	97.5	99.6	97.1
2012.06	84.7	97.3	99.2	96.6
2012.07	84.7	96.9	99.3	96.1
2012.08	88.0	96.9	99.9	95.9
2012.09	90.7	97.2	100.4	95.5
2012.10	90.7	97.7	100.4	95.5
2012.11	90.7	98.3	100.4	95.8
2012.12	90.7	98.4	100.6	96.0
2013.01	90.7	98.1	100.7	96.4
2013.02	93.3	97.4	100.2	96.2
2013.03	93.3	97.2	100.0	96.5
2013.04	93.3	97.1	99.6	96.1
2013.05	89.3	97.1	99.6	96.1

注：1. 数据来源：国家统计局（http://www.stats.gov.cn）。

2. 截至发稿前，国家统计局尚未公布2013年6月数据，以上数据截至2013年5月。

2013年上半年社会融资规模统计表

Aggregate Financing of the Economy in the First Half of 2013

单位：亿元人民币

日期	社会融资规模							
		人民币贷款	外币贷款（折合人民币）	委托贷款	信托贷款	未贴现银行承兑汇票	企业债券	非金融企业境内股票融资
2013.01	25446	10721	1795	2061	2108	5798	2248	244
2013.02	10704	6200	1149	1426	1825	–1823	1453	165
2013.03	25502	10625	1509	1748	4312	2731	3869	208
2013.04	17624	7923	847	1926	1942	2218	2033	274
2013.05	11860	6694	357	1967	971	–1141	2219	231
2013.06	10375	8605	133	1990	1162	–2620	410	126

注：1. 社会融资规模是指一定时期内实体经济从金融体系获得的资金总额。

2. 当期数据为初步统计数，其他月份为正式数。

3. 数据来源：人民银行、发改委、证监会、保监会、中央国债登记结算有限责任公司和银行间市场交易商协会等。

2013年上半年进出口贸易方式总值

Total Import and Export Value Achieved by Various Trade Modes in the First Half of 2013

单位：亿美元

出口	6月		1-6月累计	
	金额	同比（%）	金额	同比（%）
总值	1743.2	–3.1	10528.2	10.4
其中：一般贸易	902.3	1.7	5062.5	10.0
加工贸易	672.1	–9.9	4113.2	–0.9
海关特殊监管区域物流货物	82.6	2.6	837.1	155.7
保税监管场所进出境货物	32.7	–7.7	213.4	5.3

进口	6月		1-6月累计	
	金额	同比（%）	金额	同比（%）
总值	1471.9	–0.7	9448.7	6.7
其中：一般贸易	870.4	3.7	5296.2	3.0
加工贸易	354.9	–6.9	2383.6	4.6
海关特殊监管区域物流货物	145.4	–9.2	1205.9	52.4
保税监管场所进出境货物	70.6	10.4	403.0	–5.7
边境小额贸易	8.7	–12.8	52.2	–20.5
外商投资企业作为投资进口的设备、物品	8.1	–36.3	44.3	–39.3
租赁贸易	6.0	44.8	26.4	–7.9

数据来源：海关总署（http://www.customs.gov.cn）。

2013年上半年全国电力工业统计数据一览表

Statistics of National Electric Power Industry Data in the First Half of 2013

指标名称	计算单位	6 月		1-6月累计	
		绝对量	增长（%）	绝对量	增长（%）
全国全社会用电量	亿千瓦时	4384.0	6.3	24961.0	5.1
其中：第一产业用电量	亿千瓦时	99.0	-7.1	461.0	-0.8
第二产业用电量	亿千瓦时	3316.0	5.7	18419.0	4.9
工业用电量	亿千瓦时	3263.0	5.7	18108.0	4.8
轻工业用电量	亿千瓦时	559.0	4.3	3005.0	4.9
重工业用电量	亿千瓦时	2705.0	6.0	15103.0	4.8
第三产业用电量	亿千瓦时	498.0	10.5	2925.0	9.3
城乡居民生活用电量	亿千瓦时	470.0	9.3	3156.0	3.9
6000千瓦及以上电厂发电设备容量	万千瓦			114211.0	9.3
其中：水　电	万千瓦			22180.0	9.6
火　电	万千瓦			83418.0	7.6
核　电	万千瓦			1461.0	16.7
全国供电煤耗率	克/千瓦时			320.0	-4.0
全国线路损失率	%			5.97	-0.2
全国供热量	万百万千焦			170660.0	4.5
全国供热耗用原煤	万吨			10215.0	1.2
全国供电量	亿千瓦时			22568.0	6.1
全国售电量	亿千瓦时			21222.0	6.3

（续表）

指标名称	计算单位	6 月		1-6月累计	
		绝对量	增长（%）	绝对量	增长（%）
全国线损电量				1346.0	3.4
全国发电设备累计平均利用小时	小时			2173.0	-64.0
其中：水　电	小时			1532.0	76.0
火　电	小时			2412.0	-83 .0
全国发电累计厂用电率	%			5.2	-0.16
其中：水　电	%			0.4	-0.01
火　电	%			5.9	-0.13
电源工程投资完成额	亿元			1405.0	
其中：水　电	亿元			513.0	
火　电	亿元			384.0	
核　电	亿元			263.0	
电网基本建设投资完成额	亿元			1659.0	
发电新增设备容量	万千瓦			3243.0	
其中：水　电	万千瓦			889.0	
火　电	万千瓦			1585.0	
核　电	万千瓦			221.0	
新增220千伏及以上变电设备容量	万千伏安			10672.0	
新增220千伏及以上线路长度	千米			20491.0	

注：1. 全社会用电量指标是全口径数据。

2. 数据来源：国家能源局（http://www.nea.gov.cn）。